大学だけじゃない

もうひとつのキャリア形成

―日本と世界の職業教育―

平沼 高 ／ 新井 吾朗　編著

はじめに

高校や大学を卒業したとき、どのような職業が待ち受けているか。自分が就く仕事がどのようなものであるかはとても重要なことです。なぜなら、どこの誰でも、自分がやりたい仕事に就き、自分の仕事に誇りを持ち、自立して生きたいと考えるからです。

従来、現代日本の入職の仕組みは、新卒者の定期一括採用方式が前提とされていました。学校は法律上、就職斡旋を許されている機関ですから、「学校から職場への移行システム」では、高校の進路指導の先生や大学の就職課職員が、就職相談に乗ってくれるのです。「学校から職場への移行システム」は動揺しながらも、平成バブル経済の破綻以前までは十分に機能していました。バブル破綻後、日本的雇用慣行が見直される中で、「学校から職場への移行システム」も次第に崩れてしまいました。新卒者の一括採用方式は大企業を中心に破棄され、通年採用方式が支配的になりました。その結果、バブル破綻から一〇年間続いた未曾有の経済不況が進行すると、多くの若者は高校や大学を卒業しても、正規雇用の道を見出すことができなくなってしまいました。

いずれの国でも若者の職業探索期間は、長期化する傾向にあります。第一に、科学や技術が急速に発展したために、労働内容が高度なものに変化し、仕事に就くためには長い教育・訓練期間を必要とするようになったからです。第二に、経営のグローバル化が進んだために、異文化交流のための語学力と豊富な知識、現場での迅速な対応力が要求されるようになったからです。欧米社会は、若者の失業問題に早くから取り組んできました。その結果、若者の失業に対応する負担を彼と彼の家庭に押しつけるのではなく、経済社会が負うべき問題とする考え方が支配的になりました。若者の職業探索期間が長期にわたることを想定し、あくまでも彼自身に自らの適職について考えさせ、彼自身に自らのキャリアを設計させ、設計されたキャリア計画に従ってキャリアを積み上げることを奨励し、それを支援する仕組みを構築しています。

これに対して、わが国では、定職に就けない若者個人に焦点を当て、キャリアを発展させるための支援を提供する取り組みは遅れています。ジョブ・インターンシップの取り組みが始まったのは、比較的最近のことです。フリーター生活を続ける若者の周囲にあっても、彼のキャリア形成を支援する動きは見られませんでした。

このような原因はどこにあるでしょう。それは、経済社会を構成する一人ひとりが経済社会の中心軸となるべき職業教育のあるべき姿を意識し、わが国がそれに向かって英知と努力を傾けていないことによると考えられます。本書を通じて、我々は、日本の職業教育・職業訓練がどのようにあるべきか、このことについていくつかの視点で描いてみようと思っています。

第1章では、今日のわが国で職業訓練がどのように行われているか、学校教育の中でも職業と密接につながっている専門学校の教育実態を紹介しています。大学進学にばかり目を向ける風潮の中で、職業訓練と専門学校の教育がわが国でもいきいきと実践されている様子を紹介します。

第2章では、先進工業国での職業訓練と職業教育とがどのように行われているかを紹介しています。わが国では、一流と称される大学に進学することがメインストリームとなっていますが、職業訓練や職業教育はサブストリームです。しかし、多くの先進工業国では、職業訓練や職業教育がメインストリームとなっています。なぜなら、一国の経済システムは、金融業、流通・サービス業だけでは成り立たないからであり、製造業なくしては金融業も健全さを維持できないからです。ここでは、熟練職種について学ぼうとしている若者を念頭に入れて、早い時期から職業をめざして努力している若者の様子を紹介します。

第3章では、職業訓練や職業教育の基盤となっている経済の仕組み、わが国の教育システム全体が職業教育や職業訓練をサブストリームにしていることの弊害を指摘しています。一般に流布されている「常識」についても疑問を呈しています。世界の職業教育観とわが国の教育観との格差・断絶を決定づけている要因を抽出し、わが国における職業教育、職業訓練について批判的に分析する一方、建設的な提言も行っています。ここでは、職業訓練や職業教育の今後のあるべき姿について、その処方箋の一端を紹介します。

目次

第2章 先進諸国の若者の職業教育

第1章
日本の若者の職業教育

序節

日本では、義務教育が終わった後の職業教育が欧米諸国に比べて低調です。多くの人は、中学を卒業すると普通高校に進学し、高校を卒業すると職業教育を受けることなく就職するか、大学や短大を中心とした高等教育を受けることになります。大学や短大での教育も、職業教育であると意識されているのは一部の資格職種と結びついた学部や学科といえるでしょう。このように多くの若者が、学校教育を終えた後に職業教育を受けることなく職業に就いているのが日本の現状です。そのようにして職業に就いた若者が、七・五・三と呼ばれる早期退職をしている(中学卒業で就職した人の七割、高校卒業の五割、大学卒業の三割が、就職後三年以内に離職しているといわれている。)、それが、若年者のフリーター化の原因の一つと考えられます。

このように、日本の若者は職業教育を受けることなく就職するのが一般的と認識されていると思いますが、よく見ると日本にも多様な職業教育の機会があります。本節では、そうした職業教育を中心にして学校制度を概観します。

義務教育(中学校)後の学校教育で職業教育を実施しているのは、職業高校あるいは専門高

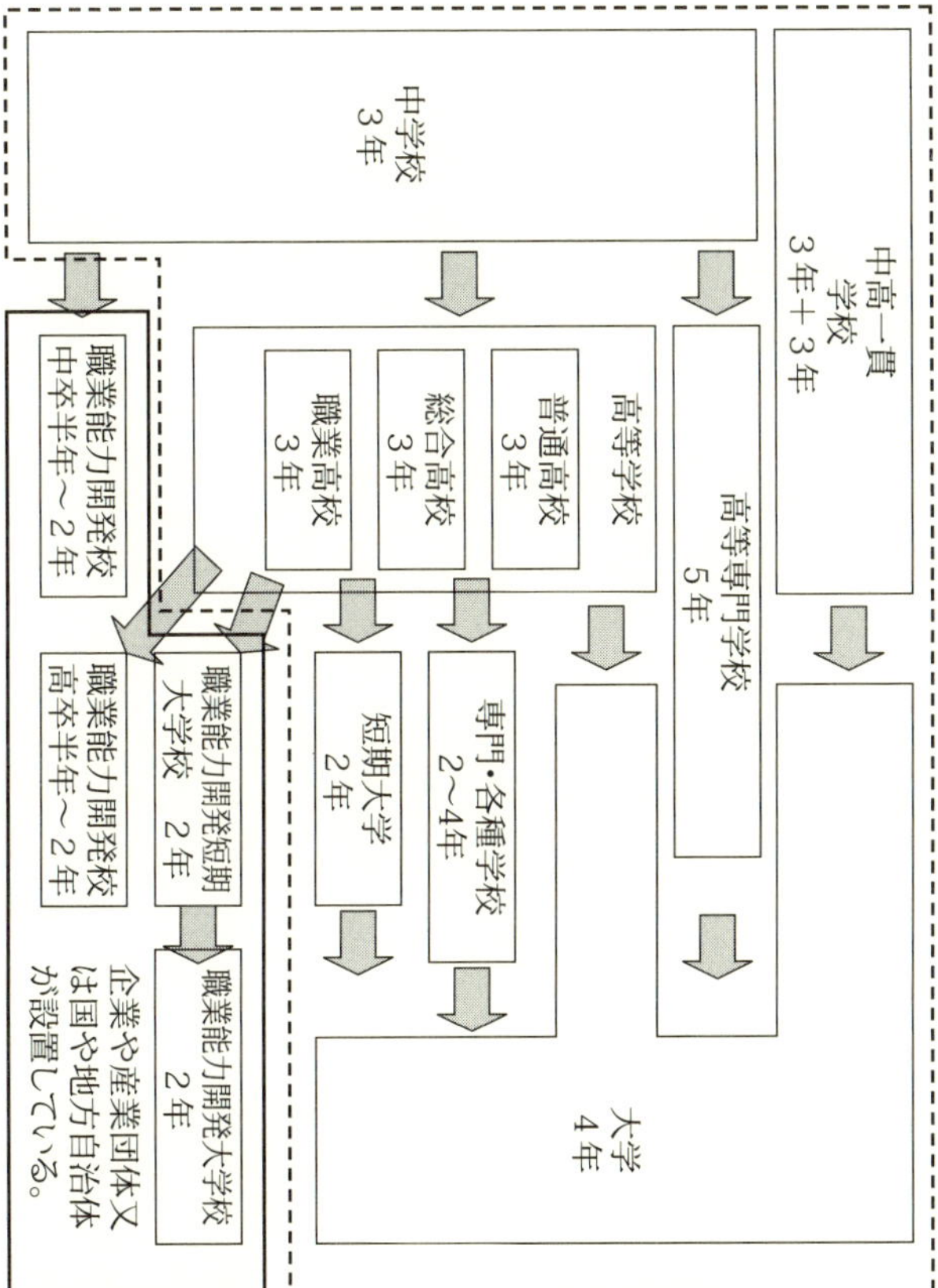
学校教育制度
中学校 3年
中高一貫学校 3年＋3年
高等学校
普通高校 3年
総合高校 3年
職業高校 3年
高等専門学校 5年
専門・各種学校 2〜4年
短期大学 2年
大学 4年
職業能力開発制度
職業能力開発校 中卒半年〜2年
職業能力開発短期大学校 2年
職業能力開発校 高卒半年〜2年
職業能力開発大学校 2年
企業や産業団体又は国や地方自治体が設置している。

校と呼ばれる三年制の高等学校と、五年制の高等専門学校です。平成一七年の学校基本調査によれば、普通高校で学ぶ生徒二六〇万人に対して、総合高校の生徒一三万人、職業高校の生徒七七万人です。また、高等専門学校の生徒は、六万人弱です。いわゆる学校教育制度の中で高等学校レベルの職業教育を受けているのは、職業高校と高等専門学校の生徒八三万人であり、高校生全体の四分の一程度であることがわかります。高卒者に対する職業教育機関としては大学、短期大学、専門学校などがあります。その中でも、職業教育が実施されていると自覚的に認識されているのは、専門学校でしょう。平成一八年三月の統計では、高卒者の四七%が大学や短大に進学し、二五%が専門学校に進学しています。

また、学校教育制度とは別に、職業能力開発制度のなかで運営されている職業能力開発施設があります。職業能力開発施設は、一般には職業訓練校と呼ばれていますが、職業能力開発促進法という法律上は、職業能力開発施設と呼ばれています。職業能力開発施設には中卒者や高卒者を対象とした一般的なレベルの訓練を実施している職業能力開発校、高卒者を対象に高度なレベルの訓練を実施する職業能力開発短期大学校、短期大学校卒業者を対象に応用的なレベルの訓練を実施する職業能力開発大学校があります。職業能力開発施設は国や都道府県が実施している公共の訓練、企業が自社の従業員に対して実施する訓練や産業団体が団体内の従業員に対して実施している訓練などがありますが、実施している数は公共のものが多いようです。

平成一八年に全国の公共職業能力開発施設で実施した中卒者を対象とした訓練の定員は、わずか一六五〇人です。学校教育に比べれば圧倒的に少数であることがわかるでしょう。高卒者の一般レベルの訓練は約一五〇〇〇人、高度なレベルの訓練は六六〇〇人が定員として設定されていました。中卒者対象の訓練に比べると多いですが、それでも学校教育の生徒数に比べれば圧倒的に少ないのが現状です。このように日本の中では実施している数が少ない職業訓練ですが、そこで学ぶ訓練生たちは、卒業後に職業に就くことを自覚していきいきと学んでいます。

ここまで紹介してきたように、日本にも職業教育を実施している機関が一定の割合を占めています。本章では、このような職業をめざす教育、訓練を受けている若者の様子を紹介します。第1節は企業内で実施されているいくつかの職業能力開発施設、第2節は公共の職業能力開発短期大学校で学ぶ訓練生の様子を紹介します。第3節では専門学校の生徒の様子を紹介します。最後に第4節では、学校教育や職業能力開発制度の枠組みからは外れますが、企業の中で仕事を通じて仕事を学んでいる若者（実は、このように仕事を学んでゆく若者が、日本では圧倒的多数を占めているのですが）の様子を紹介します。

第1節　企業内教育訓練で学ぶ若者たち

仕事の技能の分野にもスポーツと同じようなオリンピック大会があるのはご存知ですか？スポーツのオリンピックは四年ごとの開催ですが、技能のオリンピック（国際技能競技大会）は二年に一度開催されます。ＮＨＫのドキュメンタリー番組『千分の一ミリの闘い』（一九九七年九月七日放送）は、スイスで行われた大会での競技の緊迫を伝えました。番組中、精密機械組立部門に出場した日本の㈱デンソーの選手が、課題の誤りを見抜いて競技委員に指摘するという事態がありました。その選手のレベルの高さに多くの視聴者は驚きと感動を覚えました。その選手は、もちろん金メダルを獲得し、その後最年少で「現代の名工」にも選ばれました。このような秀でた技能者になるための道はいくつかあります。その主要な道の一つが、企業内の訓練校です。それは、技能競技大会の競技者養成を目的とするものではなく、あくまでもその道へ通じる〝入り口〟にすぎません。この例のような技能競技大会の選手は、訓練校の修了者から選抜されて、代表候補として競技のための特別トレーニングをさらに積み重ねます。企業内訓練校は、大企業を中心に多数設けられています。そうした訓練校による技能者養成について紹介しましょう。

(1) 企業の中の「学校」

企業の中にもかかわらず「学校」とは何…、と不思議に思われるかもしれません。実は、企業の中では学校形式の技能者養成が数多く行われているのです。二つの典型的な例をあげましょう。

今春、高校を卒業して自動車関係の製造企業に就職したA君は、会社の独身寮から徒歩で一五分程度の勤務先に通っています。ところが、通勤時に教科書やノートの入った鞄を抱えているのは高校時代と変わりません。職場は、工場の敷地の一角にある三階建ての建物の中にある「教室」です。教室の外には運動グラウンドがあり、晴れた日には朝礼の後に体操とランニングを行います。また、一日の「授業」が終わった後にはサッカー部の練習で汗を流します。毎日、直接には生産的な仕事をしていませんが、給料はもらっています。しかもその金額は、別の企業で営業の仕事をしている高校時代の友人とほとんど変わりません。高校時代は授業中ときどき居眠りをしたこともありますが、今は授業が仕事だと思うと、とても居眠りなどできません。周りの人も同様に真剣です。最初の頃の実習では、ヤスリで鉄の棒を削って文鎮をつくりました。先生は、工場での経験豊富な専任のほか、内容によっては高度の熟練者が工場から指導に来ることもあります。この学校のような職場で、A君は二年間仕事に必要な技術・技能を学んだ後、工場の職場に配属されることになっています。

B君は、大学の経済学部を卒業して食品会社の経理部に勤めていましたが、子供の頃の夢だった建築大工になりたくて二年間のサラリーマン生活を辞めました。幸い実家の近くの工務店に就職できました。大工仕事をきちんと学んだことがないので、月曜日から木曜日までは建築現場で棟梁の手伝いをしながら仕事を教えてもらっていますが、金曜日と土曜日は地域の工務店が共同で運営している「学校」に通っています。学校に通う仲間は、高校を卒業したばかりの人もいますが、約半数はB君と同じように家をつくりたくて他の仕事から転職した人たちで、とても話が合います。学校の科目には、仕事の現場では体系的に学ぶことができない構造や材料学などの座学もありますが、B君は建築大工の技能を学ぶ実技科目がとても大切だと感じています。というのも、普段の建築現場では機械化が進み、工場で予め加工された材料も多く使われるため、手工具を使った細かな職人技を学ぶ機会が少なくなっているからです。B君は、この学校で三年間学んだ後、さらに数年間、今の工務店で実務経験を積んで、念願の建築大工として独立しようと考えています。

さあ、どうですか。このような技能者養成は、長期間かけて仕事の基礎をつくる機会としてとても重要な制度だと思いませんか。

では、それはどのような仕組みで行われているのでしょうか。

(2) 企業の中の技能者養成の仕組み

企業の中の技能者養成は、職場での仕事の中で行われるもの、仕事から離れて学校形式で行われるものの二つに大きく分けることができます。

職場の仕事の中で行われる技能者養成は、〝仕事のときに行う教育訓練〟という意味でOJT：On the Job Trainingとも呼ばれます。これは、職場の上司や先輩などから指導を受ける形式のものです。職場の仕事の中で行われるために、特別な設備・時間・人を必要としません。つまりＯＪＴは、養成のための費用をあまり掛ける必要がないために、企業の大小

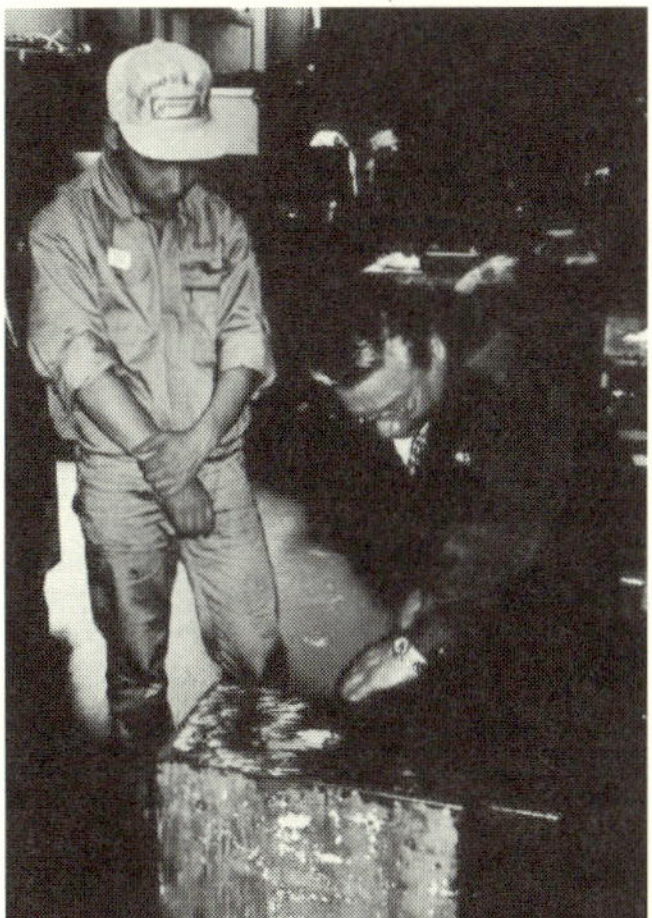

図１－１　OJTの風景
上司から“きさげ”の指導を受けている

を問わず日常的に行われています。ただし、ＯＪＴは、職場の中で仕事を通じて行われるために、仕事に直接関係がある内容に限定されるという難点があります。何年もかけないと〝一人前〟になれないような高いレベルの技能が要求される仕事では、長期間にわたる段階的・計画的なＯＪＴが必要になります。このような高いレベルの技能を持つスペシャリスト型の技能者のほか、幅広い技能を持つ多能型の技能者が求められる場合もあります。この場合、「ジョブ・ローテーション」という計画的に配置される各職場でのＯＪＴによって技能の幅を拡げることが行われます。

さて、もう一方の、職場の仕事から離れて学校形式で行う技能者養成は、〝仕事から離れて行う教育訓練〟という意味でOff-JT：Off the Job Trainingと呼ばれています。企業は、従業員がＯｆｆ‐ＪＴのために仕事から離れている間にも賃金を支払わなければならないので、一般にＯｆｆ‐ＪＴを短期間で行うことになります。ところがＯｆｆ‐ＪＴであっても、一～三年間と長期的に行う学校形式の技能者養成があります。これは、高いレベルの技能や幅広い技能を習得することを目的として主に若い従業員を対象に行うものです。これに該当するものが、前項であげたA君やB君の例です。期間中、職場の仕事から完全に離れる場合（A君の例）と一定時間離れる場合（B君の例）がありますが、いずれも給料はもらえます。企業は、仕事から離れているにもかかわらず給料を支払わなければならないし、教育訓練に必要な設備・教材の費用や先生の人件費など、技能者養成に多額の資金を費やすことになります。それというのも、企業は高いレベルや幅広い技能を持つ技能者が必要だからなのです。ですから、企業にとっては、そうして育成した従業員には長く働き続けてもらわないと困ります。

ところで、企業の中とはいえ学校と同じような長期の教育訓練を受けるのですから、学校と同じような卒業証書や資格が得られるとよいですね。そこで、企業の中の長期的な学校形式の技能者養成には、法律で規定する内容と方法で行っているものが数多くあります。これらは大きく二つに分けられます。一つは厚生労働省令で定める基準によって行われる「認定職業訓練」、もう一つは学校教育法による専修学校として運営されるものです。法律による基準で行われるこのような教育訓練は、企業の枠を越えた標準性や共通性を持つことになり、一定の水準を満たすことにもなります。このため、例えばC自動車会社とD自動車会社が、ともに認定職業訓練によって若い従業員のための技能者養成を行っている場合、C社とD社のそれぞれの技能者養成の訓練内容は大きく異なることはありません。また、習得した技能が一定水準を満たしていることにより、修了に際しては、国家資格である「技能士」への足掛かりとなる「技能士補」の資格が得られます。ただし、修了試験に相当する技能照査（試験）に合格する必要があります。前項のA君の例のような認定職業訓練は、運営のために多額の資金が必要となるために、ある程度大きな規模の企業でなければ維持できません。単独の企業で維持・運営できない場合、前項のB君の例のような複数の企業が共同で維持・運営する方式もあります。これを「共同訓練」と呼んでいます。

認定職業訓練で行う企業内の技能者養成には、普通教育を担う高校との連携を組むことによって高校卒業資格が与えられる制度もあります。このような企業内技能者養成制度は、かつて一九五〇～六〇年代には、優秀な学力を持ちながらも家庭の経済的理由のために高校進学を果たせなかった多くの少年たちが中等教育を受ける機会となっていました。高校進学率が九〇%を超える今日、企業内の技能者養成の主な対象は、中卒者から高卒者へと移りました。しかしながら、日野自動車など今もなお中卒者を受け入れている技能者養成がいくつかあります。

長期間の認定職業訓練には、普通程度の内容を行う「普通課程」と高度な内容を行う「専門課程（短大に相当する課程）」（企業内の「職業能力開発短期大学校」として実施する課程であるために、「短大課程」と呼ぶこともあります）というコースがあります。全国で普通課程は約一〇〇〇コース、専門課程は約二〇コースあります。普通課程の約一〇〇〇コースの内訳は、建築大工などの建設関連のコースが七〇%弱を占めています。製造企業が行っているコースは二〇%、残りはアパレル（七%）、理・美容（三%）、事務・情報（三%）、食品・サービス（二%）の分野です。また、普通課程の訓練期間は、原則一年間ですが、二年間のコースが約半数を占め、一年間、三年間のコースがそれぞれ四分の一となっています。認定職業訓練を実施する製造企業は、表一―一に示すように、自動車、造船、鉄鋼、電器、重機、電力等の業種で、いずれも大企業であることが特徴です。また、その多くが第二次大戦後のわが国の経済成長を支えてきた歴史のある企業です。三菱重工業などは、一八九九（明治三二）年にわが国で最初に技能者養成を開始した企業です。このように、個別企業（典型的には大企業）が設置し運営する場合のほか、グループ企業による場合、企業が加盟する地域や業種の団体による場合があります。

表１－１　認定職業訓練「普通課程」および「専門課程」
（製造業を中心に企業単独で設置するもの）

企業名	コース
㈱日立インダストリイズ	機械加工科　精密加工科
日立ホーム・アンド・ライフ・ソリューション㈱	機械加工科　電気機器科
㈱ミツトヨ宇都宮事業所	機械加工科　電気機器科
富士重工業㈱	自動車整備科　金属塗装科　塑性加工科　機械加工科
㈱ミツバ	機械加工科　精密加工科　塑性加工科　電子機器科
ダイキン工業㈱	冷凍空調設備科
新日本製鐵㈱君津製鐵所	機械加工科　電気機器科
㈱日立ディスプレイズ	電子機器科
日野自動車㈱	機械加工科　塑性加工科　自動車整備科　製造・設備科　自動車製造科
㈱東芝青梅事業所	電子機器科
日本電設工業㈱	発変電科　送配電科　電気工事科　電気通信設備科
プレス工業㈱	機械加工科　塑性加工科
市光工業㈱	機械加工科
三菱重工業㈱汎用機・特車事業本部	機械加工科　内燃機関整備科　熱処理科　建設機械整備科　電子機器科　塑性加工科
日産自動車㈱	（専）メカトロニクス技術科
㈱リコー	機械加工科　製造設備科
いすゞ自動車㈱	機械加工科　精密加工科　自動車製造科　塑性加工科　金属塗装科
川島建材㈱	サッシ・ガラス施工科
東芝機械㈱	機械加工科
アイシン精機㈱	機械加工科　電子機器科　鋳造科　電気機器科
愛知製鋼㈱	機械加工科　電気機器科
大同特殊鋼㈱	熱処理科　機械加工科　電気機器科
中央発條㈱	機械加工科　電気機器科
㈱デンソー	機械加工科　電子機器科　（専）電子技術科（専）情報技術科
㈱東海理化電機製作所	電子機器科　機械加工科
㈱トーエネック	送配電科

企業名	コース
豊田工機㈱	鋳造科　機械加工科　電気機器科
トヨタ自動車㈱	鋳造科　塑性加工科　機械加工科　精密加工科　木型科　自動車製造科　自動車整備科　プレハブ建築科　金属塗装科　電子機器科
㈱豊田自動織機	機械加工科　電気機器科
豊和工業㈱	熱処理科　塑性加工科　機械加工科
三菱電機㈱名古屋製作所	電子機器科
富士電機リテイルシステムズ㈱	塑性加工科　精密加工科　電気機器科　電子機器科　機械加工科
㈱島津製作所	機械加工科　電子機器科　光学ガラス加工科
松下電器産業㈱	ものづくりシステム技術科　材料・プロセス技術科　(専) メカトロニクス技術科
松下電工㈱	(専) メカトロニクス科　生産技術科
㈱きんでん	送配電科　電気工事科
三菱重工業㈱神戸造船所	機械加工科　電子機器科　構造物鉄工科　溶接科
三菱重工業㈱高砂製作所	精密加工科　塑性加工科　溶接科　鍛造科　機械加工科　電気機器科
川崎重工業㈱兵庫工場	鉄道車両製造科　機械加工科　金属塗装科
川崎重工業㈱神戸工場	機械加工科　溶接科　電子機器科
川崎重工業㈱明石工場	コンピュータ制御科　内燃機関整備科　塑性加工科　溶接科　機械加工科
日立金属㈱安来工場	鉄鋼科　熱処理科　機械加工科
三菱重工業㈱広島製作所	機械加工科　溶接科
三菱重工業㈱紙・印刷機械事業部	機械加工科　溶接科　製造設備科　鋳造科
マツダ㈱	(専) 生産技術科
㈱中電工	(専) 電気技術科
㈱ミツトヨ広島事業所	機械加工科
㈱日立製作所電機グループ笠戸事業所	機械加工科　溶接科
三菱重工業㈱下関造船所	造船科　機械加工科
積水ハウス㈱	プレハブ建築科
三菱重工業㈱長崎造船所	造船科　電気工事科　機械加工科　溶接科　鋳造科　電子機器科
㈱大島造船所	溶接科

(3) 企業内教育訓練の特色

企業内で学校形式による長期間の技能者養成で行われる教育訓練は、通常の学校で行われる教育とどのように異なっているのでしょう。異なる点の多くは、「生徒」が特定の企業の従業員もしくはそれと同等の身分の者であることに由来しています。対象となる「生徒」は、新卒者と実務経験者のどちらかですが、生徒の構成は、新卒者のみ、実務経験者のみ、両者の混成という三つのケースのいずれかとなり、企業によって異なります。認定職業訓練の普通課程の場合には新規高卒者（または中卒者）のみを対象とすることが一般的ですが、専門課程（いわゆる「短大課程」）の場合には、企業によっては、新規高卒者を対象とする以外に従業員として実務経験のある者を対象とする場合があります。例えば、自動車会社で同じように認定職業訓練の専門課程を設置していても、マツダ（マツダ工業技術短期大学校）のように「入学試験」選抜による新卒者と部門推薦・選抜試験による実務経験者の両者を養成生徒とする例もあれば、日産自動車（日産テクニカルカレッジ）のように二年以上の実務経験者のみを養成生徒とする例もあります。

新卒者のみを対象とする場合は、学校生活の延長のような雰囲気を想像しがちですが、それまでの学校生活とは異なる部分もあります。特定の企業に所属する身分として一定の給与が支給され、学ぶことが「仕事」・「勤務」となるからです。ですから、一日の就業（学）時間や年間の休暇は、その企業が定めている勤務時間や休暇に従っていることが一般的です。夏休みの日数も一般従業員と同じ日数となることがふつうです。また、職場仕事との関係では、定時制のように職場仕事に就きながら技能者養成の教育訓練を受ける形式と技能者養成の教育訓練がすべて修了するまで職場の仕事には一切就かない（職場実習を除く）形式とがあります。

技術を学ぶという点で共通する工業系の高校や大学とのカリキュラム上の違いは、理論より実技を重視することで、実習の時間が多く組まれることです。認定職業訓練の場合には、修了に際して「技能照査」という修了試験があります。学科と実技の両面について習得の成果をみるのです。また、企業が設置するという利点から職場・現場での実習（ＯＪＴ）と、教室での学習（Ｏｆｆ‐ＪＴ）とを組み合わせる例も多くあります。ただ、製造系の技能者養成だからといって、製造技術・技能の習得のみに終始するとは限りません。企業の人材育成方針によって、心理学、芸術、海外研修など、人間的な幅を拡げることを目的とした教育をカリキュラムに取り入れている例も多くあります。

元来、認定職業訓練の基準には、基礎的な内容を重視する考え方があります。長い職業人生にとって、文字どおり技能やキャリアの「基礎」を築く機会となるからです。職場仕事の中では目前の仕事に追われて基礎的な技能や理論・原理を積み上げるような習得の仕方はできませんが、職場から離れて行う技能者養成ではそれができます。このために、職場仕事では得ることができない内容や習得方法を意図的に取り入れる技能者養成は少なくありません。例えば、コンピュータ制御による工作機械が普及した機械加工分野などでは、自動制御機能に頼らず金属を削るという素朴な感覚を身につける機会として、敢えて職場から消えてしまった従来型の旋盤やフライス盤を使用する加工実習を取り入れるといった例が数多くあります。また、建設業分野では、さまざまな電動機を多用する現場仕事では習得できない手工具を扱う実習を重視する「東京建築カレッジ」（建設労働組合による設置運営）のような例があります。

ふつうの学校では主に専任の教師が指導の役割を担っていますが、企業や事業主団体が設置運営する技能者養成の指導者は、必ずしも専任ではありません。専任の指導者は教育訓練運営の主要なメンバーではあるのですが、兼任の指導者（企業の職場との兼任）の存在と、その比重の大きさが技能者養成の特徴であるといえるかもしれません。兼任の指導者は、現場の実践的な技術・技能ばかりでなく、生徒にとっては目標像として刺激となることでしょう。仕事の現場から完全に離れて行う技能者養成では、兼任指導者は現場の生の雰囲気を教育訓練の場にもたらすことにもなります。また専任といっても、ローテーションで現場から配属された人もいます。専任と兼任との混成による指導陣は、仕事の現場と程よい距離感の教育訓練を行う仕組みともいえます。

(4) 養成生徒のキャリア・処遇

技能者養成の生徒になるには、大きく二つの道があります。その一つは、新卒者のみを技能者養成の対象としている場合、養成生徒を前提に高校（または中学校）卒業予定者に対して募集しますから、その選考試験（入学試験）に合格することです。これは、あくまでも新卒者のみが対象ですから、既卒者は二つ目の道を採ることになります。それは、実務経験のある従業員のみを対象とする技能者養成です。従業員の中から養成生徒を選抜して行う技能者養成では、採用直後ではなく一定年数以上の実務経験や職場推薦を条件とすることが一般的です。実務経験者を対象とする理由は、職場経験から得た問題意識が学習のモチベーションになるからです。すでに職を得ている既卒者である場合には、勤めている企業（または関連企業や加盟する地域や業種の団体）が既卒者対象の技能者養成を行っていなければ、機会を求めて企業を移るしか養成生徒になる道はありません。

養成期間中の生徒の身分は、「従業員」として扱われる場合、「生徒」として扱われる場合の二通りがあります。養成生徒の身分の扱いは、個々の企業によって異なります。養成期間中の身分は、養成期間中の生徒（とくに新卒者の養成生徒の場合）が労働者として労働組合に加入できるかどうかという判断とも関連します。いずれの場合でも、養成期間中の生徒には一定の金銭が支給されます。この金銭は、「従業員」として扱う場合には「給与」の名目、「生徒」として扱う場合には「手当」または「奨学金」の名目になります。どちらも実質的には「賃金」であることに変わりはありません。一般に、支給される金銭の額は、学年が上がるにつれて増加します。また、養成期間中の生徒一人ひとりには、そうした賃金に相当する金銭や社会保険料のほか教育訓練のための直接・間接的な経費などさまざまな費用が出費として掛かっていますから、養成生徒には修了後の就業義務年限が設けられている場合が少なからずあります。

個別企業が設置・運営する技能者養成では、全寮制を採る場合が少なくありません。これは、養成期間が技術・技能的な育成にとどまらず、寮生活を通じた生活指導による人格形成の意味もあるからです。また、寮で生活を共にすることによって、生徒間にはいわゆる〝同じ釜のメシを食った仲〟で表現される仲間意識による密接なネットワークが形成されることも長期的には意味あることと考えられます。

養成期間が終了すると、実務経験者の場合は、元の職場に復帰することが一般的です。新卒者の養成生徒の場合は、配属先が決定され、基幹技能者として位置づけられることになります。配属先は、期間中の成績や適性に基づくものであることはいうまでもありません。全国に工場をもつような電器産業や自動車産業等の大企業の場合、養成修了者は原則として全国的移動を担う人材として処遇されることが一般的です。養成修了者の管理・監督職への昇進比率は高いといわれますが、それは養成教育に基づく高い能力・資質に加えて、全国的移動による企業への貢献もあるからだと考えられます。

(5) 企業内教育訓練の課題・可能性

最後に、製造企業の技能者養成に関わるいくつかの課題と可能性について述べることにしましょう。まず、改正労働者派遣法（平成一六年三月一日施行）により製造業でも派遣労働者の受け入れが可能になり、正社員とは異なる雇われ方の人たちが職場・現場内で増加しています。一方、正社員には、パート、アルバイト、嘱託、派遣、請負などの非正社員とは異なる基幹的従業員としての高い能力・資質がますます求められるようになっています。このような背景で、企業が長期間の技能者養成に期待する目的と水準は、ますます高まる傾向にあります。これまで述べてきた一定のカリキュラムによる技能者育成は、長期間とはいえ基礎的な内容を中心とした教育訓練です。そのため、職場に配属されてからの教育訓練の機会が重要です。また企業にとっては、競争力の源泉ともいうべき高度で特殊な企業固有の熟練技能を維持する必要があります。このために、それを持つベテラン熟練技能者から直接個別指導によって伝えるという制度が設けられるようになりました。「卓越技能者養成」、「技能塾」、「技能道場」といった名称で、マツダ、三菱重工業、住友金属、ダイハツ、ＮＥＣ、日野自動車等での事例がありますす。なお、そうしたベテランの熟練技能者が、かつての企業内技能者養成校の修了者であるという例が少なくありません。

一九五〇〜六〇年代の大企業による技能者養成校の生徒は、全国的な募集による多数の応募者の中から難関を突破した人たちで、企業内・外から「優秀」と認められていました。このような技能者養成校の修了者のその後は、電機産業三社、自動車産業一社の技能者養成校修了者に関する調査によれば、修了者の九三・二％が何らかの管理・監督職に就いていました。なかでも、二六・八％が「課長職相当」、一・三％が「部長職相当」という結果は、技能者養成校修了者の優秀さを十分物語るものです。日本経済の成長による家庭経済の向上は、高校進学率を上昇させ、企業には技能者養成制度の存廃論議を迫ることとなりました。その結果、一九七〇〜八〇年代にかけて、一部は技能者養成を閉鎖し、一部はその対象を中卒者から高卒者へと移しました。高卒者を対象に技能者養成校を存続させてきた企業も、その後、九〇年代以降の長期的な景気の低迷と厳しい競争環境の中で教育訓練費の削減を余儀なくされ、製造の拠点を海外に移した企業を中心に技能者養成校を取り止めるところも出ました。しかしながら、今日もなお多数の企業で長期間の技能者養成制度を維持し続けているのは、経営戦略として熟練技能者とその育成の重要性を認識しているからです。こうした企業は、技能者のキャリア形成を大切にしている企業であると考えられるのではないでしょうか。

〈参考文献〉

上野隆幸「高度経済成長を支えた養成工の意識とキャリア」『産業教育学研究』第三〇巻一号、日本産業教育学会、二〇〇〇年一月

コラム

ＮＨＫ番組『プロジェクトＸ～挑戦者たち～』で放送された一つに潜水調査船「しんかい6500」の開発物語（2000年５月23日に第９回目として放送）がありました。同放送は、25年間の開発プロジェクトに終始携わってきた一人の年配技術者を軸に構成されていました。その技術者は、大学で造船の専門教育を受けてはいませんが、船体の重量バランスの設計を担当しました。15歳で三菱重工業神戸造船所に入り、造船所内の技能者養成校に学んだ後、技術者の助手として艦艇設計課（海上自衛隊の艦艇の設計部門）に配属されたという経歴が紹介されていました。広い造船所構内を自転車で動き回る年配技術者の姿を撮った映像は、設計部門と製造部門との調整というもう一つの重要な役割を能弁に伝えました。このことを象徴する出来事を紹介していました。開発・製造の最終段階で船体総重量を150キログラム減量する必要が生じたため、せっかく組み上げた船体を解体して各部材を削り直すという頼み辛いことを彼が関係部署に頭を下げて回ったというエピソードです。その際に、おそらく各部署にいた気心の知れた養成校の同期生たちは、二つ返事で助けてくれたのではないかと想像できます。“同じ釜の飯を食べた”同期生は、約200人に上ったといいます。

第２節　公共職業訓練で学ぶ若者たち

本節では公共職業能力開発施設で技術・技能を習得している若者が、どのような意識で訓練を受けているのか、彼らの将来への期待や、修了後の活躍の様子を紹介します。ところで職業訓練は現在の法律では、職業能力開発と呼ばれていますが、本節ではあえて、職業訓練と呼ぶことにします。ただし、施設の分類などは正式な名称で職業能力開発と呼ぶ場合があります。

(1)　公共職業訓練の状況

序説で図示した日本の学校制度に示した職業能力開発校と職業能力開発（短期）大学校が、中卒者・高卒者が主として学んでいる職業能力開発施設です。その訓練の基準には、普通課程と専門課程、応用課程があります。普通課程は最も一般的な訓練課程で、職業能力開発校で実施されています。訓練期間は職種により異なり、六ヶ月から二年までです。専門課程は短期大学校の訓練課程で、二年間です。さらに技術・技能の応用力を高めたい人のために職業能力開発大学校で実施されている二年間の応用課程があります。専門課程と応用課程を連続すれば四年間となり、大学と同程度のレベルの訓練を実施しています。専門課程だけを実施している施設が短期大学校で、四年間の職業訓練を実施している施設が大学校です。

職業訓練のカリキュラムは実技の時間が六~七割を占めています。実技が多いから、専門学科の勉強ができないということではありません。実技を経験しながら学科を学ぶので、むしろ、仕事に必要な実践的な理論を習得できるのです。また、実技を中心としたカリキュラムは学習そのものが楽しく、訓練生は積極的に学習しています。

現在では訓練の「対象者」に中卒者だけを目的とした課程は少なくなりました。それは、今日の職業訓練の主たる対象者が高卒者に移行してきているからです。とはいえ、普通課程の訓練は中卒者でも受講可能であり、中卒者を対象とした訓練は、法律上、三年間で実施することが可能です。三年制の職業訓練は、企業内では戦前から実施されていましたが、公共職業訓練で中卒者を対象とした訓練は二年制で実施されています。高卒者を対象とした訓練である普通課程と専門課程は、同じ二年制ですが、目的と内容が異なります。なお、年間訓練時間は全ての課程で一四〇〇時間以上と定められています。その六〇%前後のカリキュラムが法令による基準で定められています。右のような基準を満たせば、企業内の職業訓練も認定職業訓練施設として認められます。第1節で紹介したのがこの認定施設です。基準で定められた六〇%のカリキュラム以外の部分は、訓練実施施設の判断で地域や企業の事情に即して必要な科目を設定できるようになっています。そのため職業訓練は、一般の学校に比べて実際の職業に関連の深い実践的な内容になっています。

(2) 東京都の職業訓練受講者の構成と職業訓練への好感度

東京都の報告書から、若者を主な対象にしている普通課程を受講している訓練生の実態と意識を見てみましょう。以下は東京都の訓練校一五校の受講者のデータです。

受講者は図一－二に示すように、七〇％以上が「中高卒者」ですが、この大半は高卒者です。他方、二〇％以上が大学などの高等教育修了者であることが分かります。このように高学歴の人が職業訓練を受講する傾向は、都会ほど大きいようです。これは、大卒者が学歴だけでは就職できず、職業能力の習得が必要だと考えているためと推測されます。

また図一－三で示す年齢構成をみると、当然ですが若年者が多いことが分かります。また若干ですが、中高年齢者が入っています。このようにさまざまな人々が一緒に訓練を受けることは、以下で明らかになりますが、社会に出る前にはとてもよいことなのです。

では若者たちは、どのような考えで訓練を受講しているのでしょう。訓練の修了者が、受講

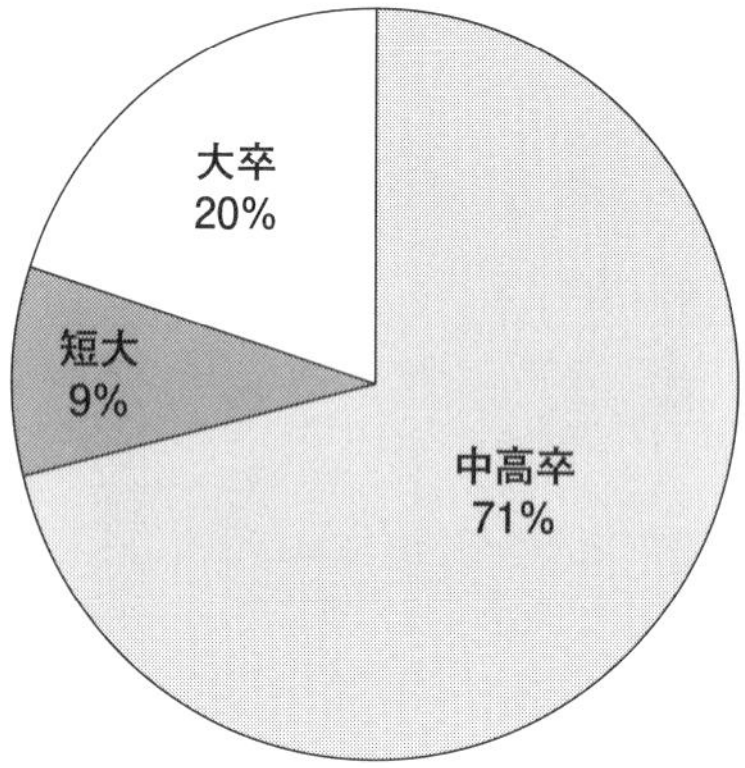

図１－２　東京都立訓練校入校生の学歴構成

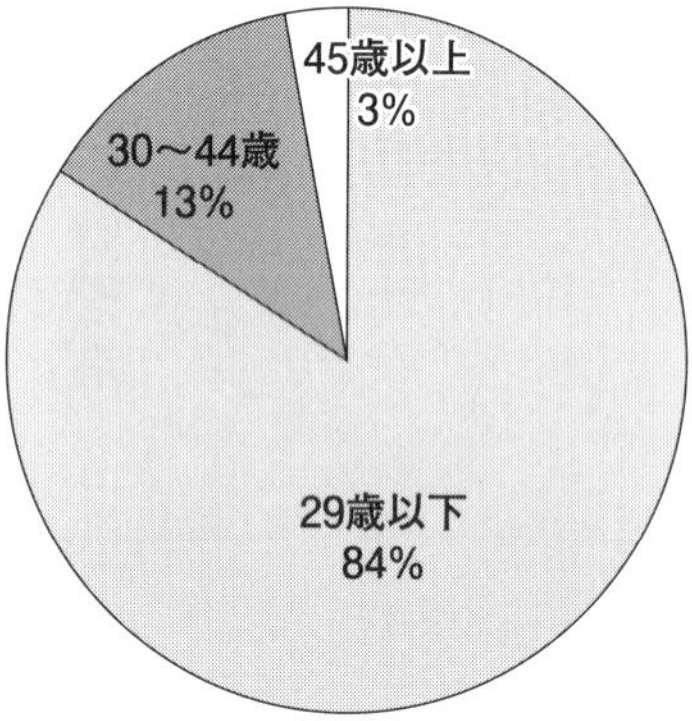

図１－３　東京都立訓練校入校生の年齢構成

した職業訓練をどのように評価しているかを見たのが図一－四です。図ではアンケートの質問項目を正確に記していないので、以下に紹介します。

1. 特定の職業に関する知識・技能が身に付いて良かった
2. 多様な職業に共通する知識・技能が身に付けられて良かった
3. 職業生活以外の面で役立つ教養が身に付けられて良かった
4. 実習を通して、身体を使いながら知識・技能が学べて良かった
5. 訓練生の間でよい人間関係を築けて良かった
6. 指導員・講師等職員との間によい人間関係を築けて良かった
7. 仕事に役立つ職業資格が取得できて良かった
8. 就職に向かって気持を整理することがもてて良かった

図から、「知識・技能が身に付いた」、「実習を通して知識・技能が学べた」、「訓練生の人間関係を築けた」、「指導員との人間関係を築けた」、「就職の気持を整理できた」についての評価が特に高いことが分かります。近年のわが国の学校教育では考えられない成果だといえます。

「職業資格が取得できた」の賛同率がやや低いのは、訓練内容に関連する職業資格がない職種があるためと思われます。職業資格のある訓練科の修了者だけの結果を集計すると、はるかに高い結果になることが予想されます。

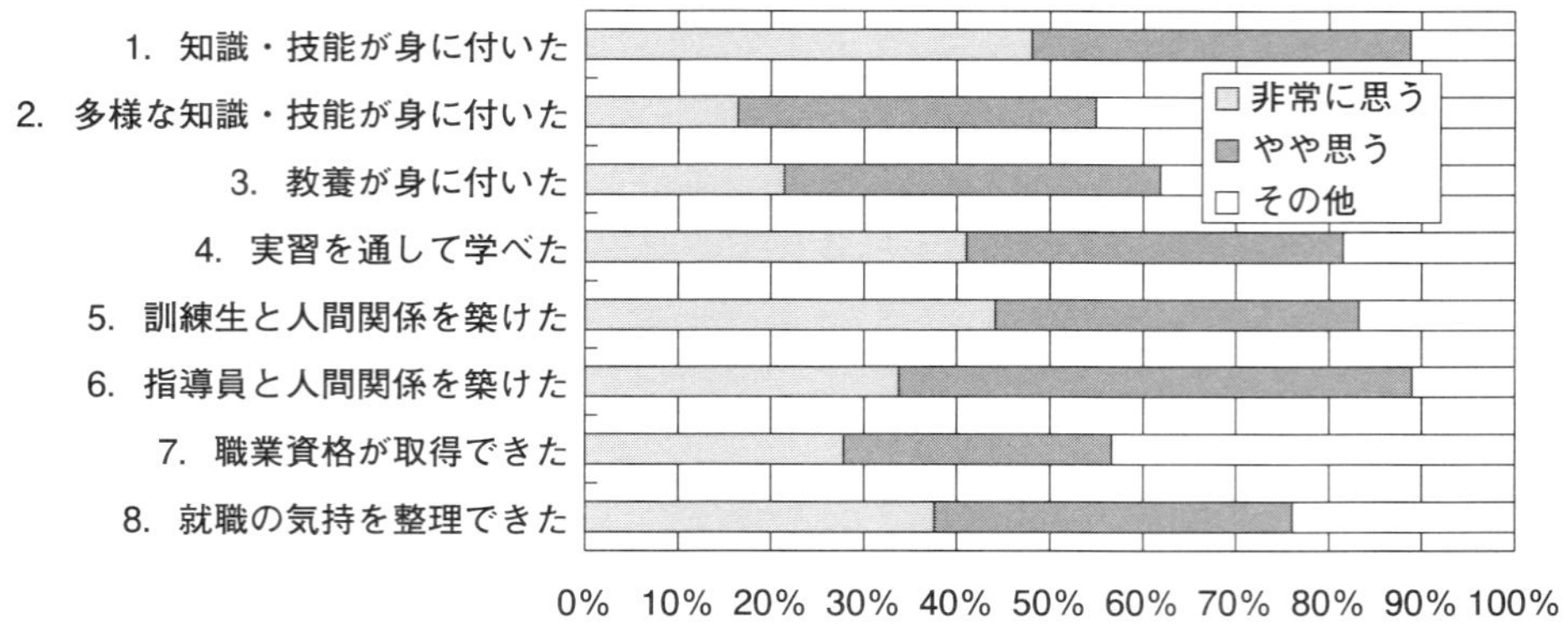
1. 知識・技能が身に付いた
2. 多様な知識・技能が身に付いた
3. 教養が身に付いた
4. 実習を通して学べた
5. 訓練生と人間関係を築けた
6. 指導員と人間関係を築けた
7. 職業資格が取得できた
8. 就職の気持を整理できた
非常に思う
やや思う
その他
0% 10% 20% 30% 40% 50% 60% 70% 80% 90% 100%

図１－４　訓練修了者の好感度

また、好意的な回答として「多様な職業に共通する知識・技能が身に付けられた」、「教養が身に付けられた」があります。職業訓練でも「教養」が身につくことが分かります。

(3) 職業能力開発短期大学校修了者の意識

短期大学校の職業訓練についての評価はどうでしょう。それが図一―五、図一―六です。すでに雇用・能力開発機構立の短大の修了者は四万人を超えています。無作為に選んだ四〇一〇名のうち、一四九九名から回答を得たアンケート調査の結果です。

図一―五から修了者は、実技・実習や専門学科の訓練に対して、極めて高い充実感を持っていることが分かります。逆に、卒業論文や卒業研究に対する充実感はやや低い結果となっています。これは、図一―六でみられるように、職場でより直接に役立つ実践的なことが求められているためと推測されます。その結果、専門学科や実験・実習が役立っていると極めて高く評価されたといえます。

自由記述の回答には、次のような意見があります。

「在学中は時間にゆとりがなかった。……その当時は苦しかった記憶があります。ですが社会に出るとその苦しさに比べるとずいぶん楽に感じることがありました。……短大では技術的

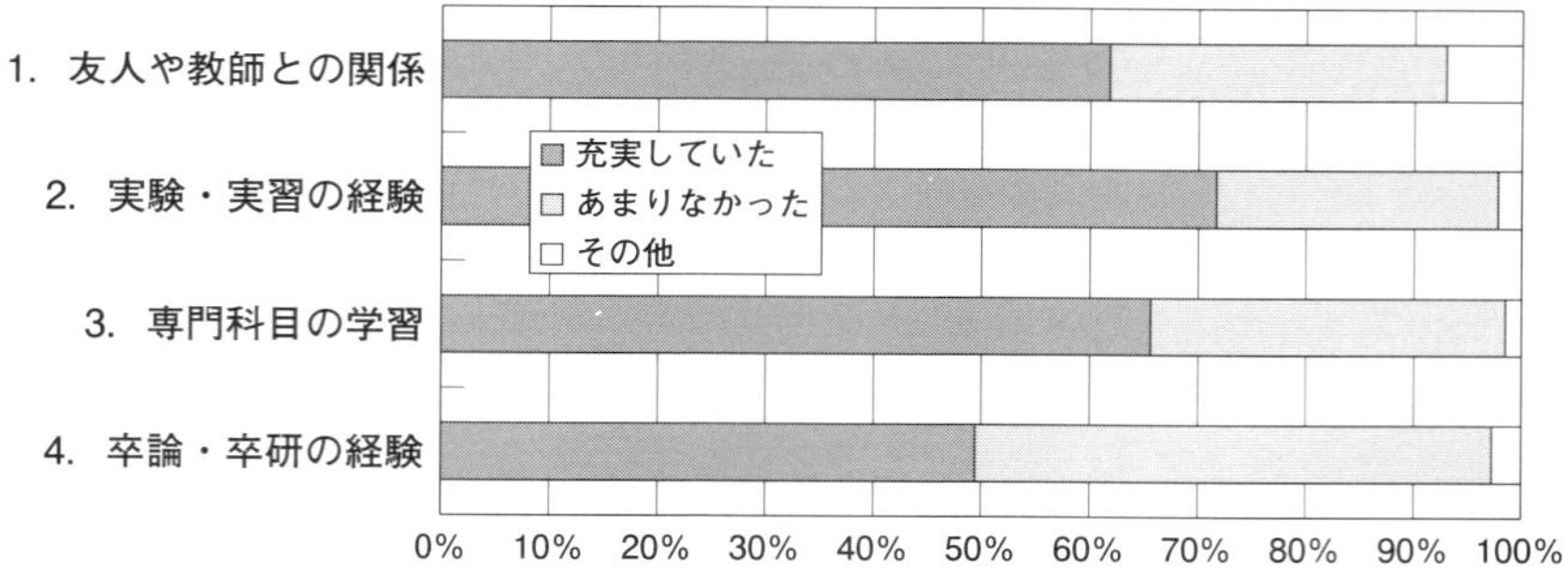

図１－５　短大修了者の訓練の充実感

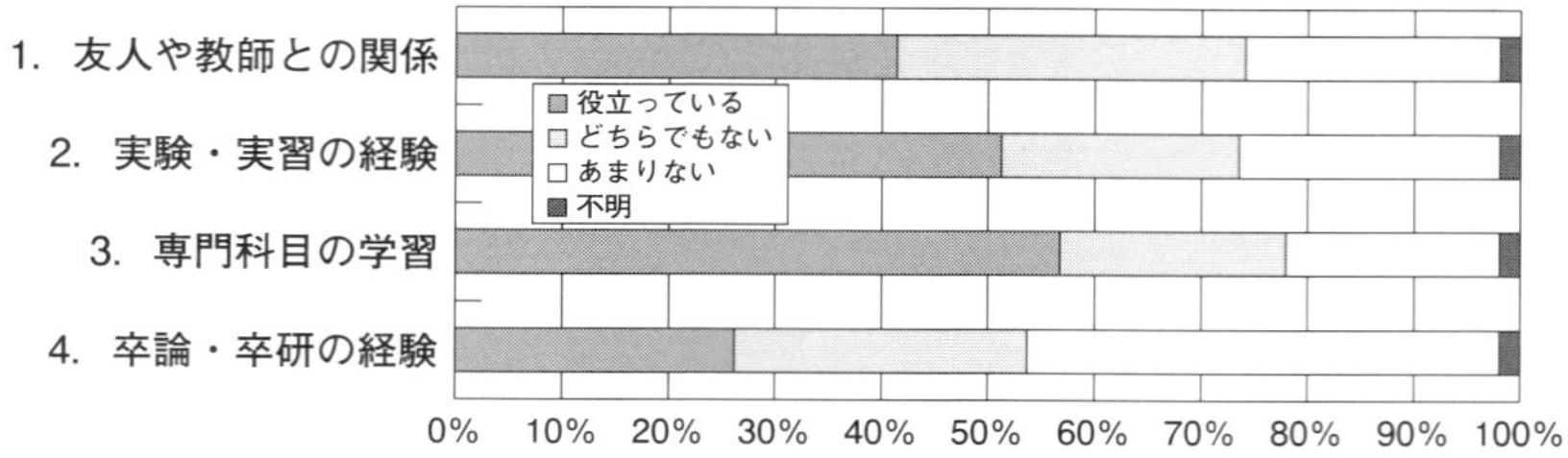

図１－６　短大修了者の仕事への役立ち感

にも精神的にも多くの事を学ばせて頂きました。そのおかげで入社してずっと同じ会社で頑張れているのだと思います。」

「職訓短大の場合、一般私立大学に比べて実験・実習の、自分の手を動かし、体で学ぶ点が多い。そのため、卒業後もそれらが身に付いている（私立大等では、聞く事で済ませる事が多く、卒業後は記憶に残らず、結果的に何も身に付いていない部分が多い）為、実際企業に入った後、役立っている事が多い。ヘタな私立大を出た人間より、よっぽど使いものになっているのは確かです。」

「私がいた科のイメージで言うと、実験・実習に比重をおいたカリキュラムはなかなか良かったと思います。理論は大事だが自分の手で実際にやった事はけっこう自分の中にイメージとして残っているものです。」

「私が在学中に学んだ事でいちばん役立っているのは、三現主義です。〝現場で現実に現物を見る〟だと思いましたが、実際に実習等で自分自身体験することによって、本の中だけで学習するより身体に定着しているように思います。」

このように修了者たちは、短期大学校での職業訓練を大変高く評価しています。同様に修了者を採用している企業からも高い評価を受けています。このことは最後の事例で紹介します。

(4) 山形県立山形職業能力開発専門校の受講者

筆者も受講者に直接インタビューを実施しました。訪問したのは雪で埋もれた山形県立山形職業能力開発専門校の自動車科、二年制の普通課程の職業訓練コースです。(山形県では、職業能力開発校を職業能力開発専門校と呼んでいます。) 定員は二五名ですが、約二倍の競争率ということです。受講者は全員が口を揃えて「訓練が楽しい!」と言っていました。

多くの受講者は中学や高校の先輩達から紹介を受けて入校しました。また受講者には、東京の訓練校と同じように、大卒者、中退者、高専卒者が交じっています。「大学は目的意識も無く時間を費やしているだけで、やりたいことをやりたい」と思って両親の反対を押し切って入校してきた人がいます。高等教育を終えた(中退した)若者にとって、受講料が低廉であること(公立高校並み)も歓迎されているようです。

秋には秋栄祭と名付けられた文化祭が開催されます。受講者は訓練成果を生かし、創意工夫をして各種の作品を出品するそうです。写真のカートは、二〇〇六年の一年生が五〇ccバイクのエンジンを利用して改造したものです。受講者の自信と誇りを感じることができる一コマです。

訓練の一環として、一年の秋には企業で一週間、現場実習をします。この意義は高く、「現

１年生がバイクを2,500円で改造して作成したカート

場の経験をして、もっと勉強しなければならないと思った。」という感想が皆から返ってきました。企業実習は受講者の訓練に対する意欲を高める効果があるようです。

二年の夏休みの終わりには全員の就職が決定し、再度、就職先企業での工場実習を体験します。その後は、職場での担当業務を意識して、社会人になるための仕上げをしているそうです。

企業を定年退職して職業訓練校の常勤嘱託になっている二名の講師に聞くと、口をそろえて「働き方を含めて厳しく指導しているが、ここでは教え甲斐がある。」とのことでした。受講者が真剣に取り組んでおり、世間で言われるロスト・ジェネレーションのイメージはない、ということです。

自立する必要があることに早く気づいたことに自信さえ持っているようです。受講者の態度は真剣であり、まじめに技術・技能を修得しており、本人達も満足し、世間からの評価も気にせずに学んでいます。就職率も一〇〇%です。当然ながら就職先からの評判もよいのです。

筆者のインタビューを受けた後、受講者たちは独自にクラス討論を行い、意見をまとめて送ってきてくれました。その中から一部を紹介します。

先ず、「日本は学歴社会だといわれてきましたが、今は、いわゆる大学至上だとは思っていません。」という言葉から始まります。そして「私たちは大学へ進学した人たちとは違い、早い段階で目標を見つけました。既に、高校や中学で見つけた人もいます。中には遅く大学・高専に行ってから見つけた人たちもいます。その目標を達成するための一番の近道としてこの専門校に入りました。……したがって、私たちはただ、専門校に来て、専門校のカリキュラム通りにやらされているのではなく、一人ひとり、整備士で生きていくという明確な目標を持ち、やらされているのではなく自ら積極的に課題に

明るい受講生（山形職業能力開発専門校自動車科１年生）

取り組んでいるという点で大学や他の専門学校と違いモチベーションの高い意欲的な学生の多い環境で勉強しています。一般には、大学と比べ、職業訓練校というと、どうしようもない人たちが集まっているというイメージがあるかもしれません。ここは、そのような一般的なイメージとは違います。しっかりとした目標を持った人だけが集まっているので、大学に行かなかったから恥ずかしいと感じている人はいません。むしろ、大学には行けるがあえて行かなかったということです。」と書いています。

このように、受講者は皆、高校時代の同級生に全く〝引け目〟を感じていないことも特徴です。むしろ、職業訓練の受講者は、学歴主義とは一線を画した考え方を持っていることが分かります。

(5)「日本版デュアルシステム」の受講者

ドイツのデュアルシステムをみならって、わが国でも平成一六年度から「日本版デュアルシステム」が試行されています。ドイツのデュアルシステムは企業と若者が訓練生契約を結び、職業学校での学習と企業内での現場業務の両者をほぼ半々学ぶ高校段階の学校制度です。日本ではフリーターの就職支援策として始まりましたが、試行してみると意外なメリットが発見されています。

まず、一般的な普通課程の職業訓練はいわゆる3K職種への応募者が激減していますが、日本版デュアルシステムでの募集は好調であることです。またデュアルシステムの受講者の感想によれば、企業での実習に魅力を感じているようであり、学校教育はもちろん、職業訓練の実施方法のあり方として、再検討すべき課題のようです。

残念ながらわが国では、企業が受講者を受け入れることは社会的な役割である、というドイツのような考え方がないため、実習企業を探すことが簡単ではありません。しかし、実習を引き受けてくれた企業からは、自社の社員として有用な人物であるかを見定める機会として評価されています。

試行を担当した指導員の鈴木康弘氏は「成功をおさめた点」として次のように報告しています。
① 高い倍率をくぐり抜けた受講者を集めることで、訓練の質も高くなり、早い時期に高い訓練効果を得ることができたこと。
② デュアルシステム訓練が若年者対応の訓練という性質もあり、訓練の初期の段階で「ビジネスマナー」等の訓練を入れることで、受講者は本来の目的である社会人としての常識を得ることだけでなく、覇気が芽生えたこと。

③　受託企業のマッチングを第一の課題とすることで、一一名中九名の訓練生のマッチングに成功し、また各受託企業からも受講者を暖かく迎えていただいていること（後に追加で一名決定）。

④　受講者は企業研修等で、身をもって企業の厳しさの体験ができ、自分がこれから身を置く社会を実際に近い形で体験できること。

⑤　より実社会に近い訓練を行うために、企業より実務経験豊かな先生を非常勤講師として迎えることとし、受講者は確かな知識や技術を得て、比較的うまく企業研修に移行できたこと。

日本版デュアルシステムは企業での実務を重視することを目的に、二〇〇七年度からは「実践型人材養成システム」として再編されました。若者には、自身の能力開発の機会として活用してもらいたいと願っています。

(6)　職業訓練修了者の活躍

①　世界一の機械メーカーで活躍する短期大学校卒の女子

自動車のＦ１レースで有名なイタリアのフェラーリ社が、よい車を作るための工作機械を求めて、世界の工作機械メーカーを三年間かけて調査し、もっとも優れた機械だと折り紙をつけた会社が、日本の三〇〇人弱のメーカーである安田工業です。もちろん、フェラーリ社は安田の工作機械を購入し、自動車を製造しています。

安田工業には工業高校や職業訓練短期大学校の修了者が入社して働いていますが、その中に、写真に見られるような短期大学校を修了した女性も数人入っています。写真の女性修了者が担っている仕事は、フェラーリ社が評価した工作機械の部品をマシニングセンターという機械を操作して、加工する仕事です。この機械は、同時に五種類の精密な加工を行えます。工作機械を作る機械であるため、マザーマシンと呼ばれます。

その女性修了者に対し、同社の部長は「彼女は男性主体の職場において、男性に勝るとも劣らぬ仕事への情熱と気概を持っている。」と述べています。このように、男性だけでなく、女性修了者も一流の技術を誇る企業から評価されています。

②　リフォーム技術コースに満足し就職したA君

普通高校の卒業を控えて進路に迷ったA君は、学校に貼られていたチラシを見て職業訓練校の存在を知りました。専門学校も進路に考えていましたが、次のような理由で神奈川県立の職業能力開発校への進学を決めたそうです。

「いろいろ見学に行きましたよ、専門学校にも他の職業訓練校にも。とにかく、食べていける技を身につけたかったんです。だから、専門学校ならリハビリや柔道整復なんかがいいなあ、って思っていたんですけど、専門学校はお金がかかりすぎるんで。うちの場合、自分で学費を稼がないといけない感じだったんで。それなら、技も身につくし、就職率も高い職業訓練がいいかなって。授業料がほとんどかからないですしね。」

職業訓練校での生活はA君にとっては最高のものだったそうです。

「僕がいたコースには、一度社会を経験した人ばかり。いろいろな面倒をみてくれるし、社会のこと、働くこと、基本的なマナーとかをいろいろ学べるんです。高校までと違って、年上の人たちとこんなに接することができたのは本当に貴重な経験でした。」

また、教育内容の濃さにもA君は納得しています。

「正直、高校までの勉強は分からなかったし、役に立たないと思うんです。でも、ここで学ぶことは全部役立つし、現場の職人さんたちの話や技を経験できるのは本当に面白い！　それに、先生達が優しかったんです。まさにゆとりある教育ってやつですかね。一人ひとりにじっくりつきあってくれるんですよ。」

職業訓練校での指導は技術・技能だけではなく、人間として対応してくれることにA君も満足しているようです。学校教育でいう「ゆとり」の意味が異なることを示唆してくれています。

③　職業訓練校で皆勤賞をとって就職した、中学校時代は不登校だったK君

学校教育では考えられないことが、中学校で不登校だったK君の話です。もちろん中学校から、自校の卒業生が不登校だったという書類が職業訓練校に送られるわけではありません。K君が訓練に馴れ、担当の指導員に心を開くようになったあるとき、「ボクは中学校で不登校だった。」ということを告白したのです。K君の態度や能力からは、そのような過去があるとは全く想像がつかなかった指導員は驚いたのでした。不登校どころか、むしろ成績優秀者だったろうと思わせるように、ノートはきちんと整理されていました。

中学校で不登校だったK君は、職業訓練校では仲間を助け、皆勤賞を取り、就職すると企業になくてはならない人材となりました。そして、指導員さえ持っていない職業資格も取得し、自信と誇りを持って働いています。

筆者は先生が保存していたK君のノートを借りてコピーし、このような若者がいるとさまざ

まな講義で紹介しています。当然ながら、受講者からはＫ君の話題に感銘を受けたという感想をもらいます。現役の指導員を対象とした研修では、受講者から必ず、「私もＫ君のような生徒を経験しています」と声が上がります。Ｋ君のような受講者は例外ではないのです。

このことは、学校教育の問題とともに、「職業を中核とした」職業訓練が、人間形成にとっていかに有意義かを物語っています。学習は「楽しいこと」であるべきです。その楽しさは職業に対する将来の志望との関係の中に生まれるのも明らかです。仕事を学ぶことは楽しいのです。

(7)　職業訓練の意味と教育への誤解

日本では普通教育への信奉が強く、職業教育を受けることを軽蔑する傾向があります。職業訓練に対してはさらに強いようです。そのため職業訓練校に入校した当初は、自己否定的な意識を持っている受講者もいます。それでも本節で紹介したように、ほとんどの受講者は明るい訓練生活を送り、自信を持って社会に巣立ち、就職しています。Ｋ君の例は、職業訓練が人間形成にとっていかに有意義かを示した好例です。

学校での学習だけが人格の形成を行うのではなく、職業を媒介とした職業訓練にこそ人間形成の力があるといえます。このような職業訓練の有効性を、より多くの若者たちに、遅くとも高校修了段階までに知ってもらうことが必要だと考えます。そのためには、今日の「教育」に対する誤解を解き、わが国特有の普通教育観を一掃することを考えなければなりません。そうでなければ、次代を担う仕事の熟練を伝承することが困難だといえます。このことは、第3章第2節で詳しく説明しましょう。ここでは主な問題だけを指摘しておきます。

ひとたびフリーターになった者が職業能力を身につけることは難しくなります。インタビューしたある受講者は「そのためには本人の自覚を待つほかはない」と言います。その自覚は「生活が困難にならねば生まれない」、とのことでした。フリーターへの政策的対応はお節介でさえあるといいます。これらの意見は深刻な問題を提起しています。それは、若者が学校教育の時代に、職業能力を修得する意義とその機会である職業能力開発施設のことを知らされない問題です。このことは、学校を卒業した若者がフリーター・ニートにならないようにするための根本的な対策の一つとして、わが国の教育界に問われている重要な課題です。

わが国では残念ながら、職業訓練がよく知られていません。このことは、職業訓練の本当の意義と楽しさを理解してもらっていないともいえます。

〈主要参考文献〉

平沼高・佐々木英一・田中萬年編著『熟練工養成の国際比較』、ミネルヴァ書房、二〇〇七年
田中萬年・大木栄一編著『働く人の「学習」論―生涯職業能力開発論―』第二版、学文社、二〇〇七年
田中萬年『働くための学習―「教育基本法」ではなく「学習基本法」を―』、学文社、二〇〇七年
田中萬年「受講生の実情と期待」、『ＣＯＮＳＵＬＴＡＮＴ』、二〇〇七年六月号
鈴木康弘「デュアルシステム訓練を実施して」、『技能と技術』、二〇〇六年一月号
田中萬年『職業訓練原理』、職業訓練教材研究会、二〇〇六年
新しい生き方基準を作る会『フツーを生き抜く進路術・17歳編』、青木書店、二〇〇五年
田中萬年『仕事を学ぶ―自己を確立するために―』、実践教育訓練研究協会、二〇〇四年
山崎昌甫監『人材育成と企業内教育』、日本経済評論社、二〇〇〇年

第3節　専門学校で学ぶ若者たち

専門学校[1]のイメージは人それぞれ違うことでしょう。高度な専門家を育成するというイメージを持つ人もいるでしょうし、大学や短大の代わりとしての進学先とみなす人もいるでしょう。また、資格取得の教育機関としてみる人もいるかもしれません。こうした専門学校の見方の多様性は、専門学校の多様性を主な原因としています。分野だけでも、工業、農業、医療、衛生、教育・社会福祉、商業実務、服飾・家政、文化・教養と八つの分野を持ちますし、学校の規模、養成職種、教育水準のいずれも多様であるからです。

ただし、近年、専門学校への注目が高まっていることは一つの事実です。学校数は約三〇〇〇校に達しており、学生数も七〇万人近くいます。すでに専門学校は、中等教育後の教育機関として大学に次ぐ位置を占めており、今後もその動向は続くと予想されます。大学や短大への進学とは異なる、「もう一つのキャリア形成」を求めて積極的に専門学校に進学する若者が増えてきているのです。それでは、専門学校進学者はどのような思いを持って専門学校への進学を選択しているのでしょうか。そして、専門学校の教育とはどういうものなのでしょうか。ここでは、服を作り出すという仕事：ファッションデザイナー養成の専門学校を卒業した一人の若者の事例を通して、専門学校の特徴をみていきます。

(1) 専門学校への進学〜好きな道を選択するということ

①　ファッション業界への進路決定

現在、アパレル会社の専属ファッションデザイナー（就職三年目）として活躍する阿部奈緒子さん（仮名）。服飾分野の専門学校に進学を決めたのは定時制高校四年生の頃、いまから六年前のことでした。

「とにかく洋服の雑誌を読むのが好きだったんです。『Ｚｉｐｐｅｒ』とか『ｍｉｎｉ』とかいろいろ読んでいたんですけど、好きだなあ、こういうのを作る仕事に就きたいって、思っていて。私、絵を描くのも得意だったんで、絵を描く方への進学も考えたんですけど、結局、絵のほうは就職が難しくて、洋服の方に決めたんです。洋服の方なら、デザインとかで必ず絵を描くことにもなりますし、それなら、好きで得意なことを仕事にできるかな、って思ったんです。」

ファッション業界とはまったく関係のない家庭で育ち、高校の進路指導の先生もファッション業界のことをほとんど知らない状況のなかで、阿部さんは自分で調べて学校を選択したと言います。

「進学は始めから専門学校を中心に考えていました。大学とか短大は考えなかったです。やっぱり、短大とか大学とかはプロの育成としては本格的じゃないんですよね。私が卒業した専門学校でも、服飾系の大学を卒業してくる人もいますしね。だから、始めから専門学校以外は考えませんでした。」

——学校はどのように選んだんですか？

「よく読んでいた雑誌にいくつかの学校の広告が出ていて、B服装学院とS学園がよいなって。地元の新潟にも専門学校はあるんですけど、結局、アパレルの本社って東京にあるので、東京のほうが就職に有利なんですよね。それで、東京にしました。

B服装学院はとにかく有名だったから、とりあえず見学にいったんですけど、人も多いし、「ファッション・ビジネスコース」「ファッション工芸コース」とかいろいろ学科がありすぎて、ちょっと合わないかなって思ったんでやめました。S学園のほうは、雰囲気がよかったんです。少人数だし、学科も二つしかないんできっと専門的だろうし。だから、こっちのほうが信頼できるかなって。」

好きなことを仕事にするためには何が一番よい進路なのか、そして、自分にはどのような学校が合っているのか。学校の種類や場所、そして学校の教育内容を具体的に調べ、納得したうえで、阿部さんが専門学校へと進学した様子がうかがえます。

② 具体的な進路選択を行う専門学校進学者

阿部さんのように、専門学校への進学を決める人の多くは、自分の就きたい職業を具体的に決めたうえで、その職に就くためにはどのような資格や技能が必要か、そのためにはどのような学校に進学すればいいのか、ということを具体的に調べて進学先を決定しています。そして、専門学校の側も、進学者に対して自分の将来像や希望する職業をある程度明確にしておくことを求めているのです。例えば、阿部さんが進学したS学園の入学案内にも次のような記述があります。

「ファッションのプロになる前に、人生のデザインを。

ファッション界のプロになること、それ自体、そんなに難しいことではありません。大切なことは、ファッションを通じて、どんな夢を実現したいのか、できる限り具体的に、人生のグランドデザインを描くことです。例えば、活躍の場として、オートクチュール、インターナショナル・ラグジュアリーブランド、大手、中小アパレル企業、インディーズ、起業独立等の選択肢があります。職種としては、例えば、デザイナー、パタンナー、マーチャンダイザー、コーディネーター、スタイリスト、プレスなどの選択肢があります。明確な目標と、具体的な職種選択と活躍の場を設定することが、夢の実現に繋がる大切な要素です。」

大学や短大に比べて、専門学校は特定の職業に就くための知識・技能、資格などを養成するという性格が強い教育機関といえます。したがって、逆に言うと、養成の対象とした職業以外への進路変更は困難となります。また、ファッションのように即戦力を求められる業界では、あらかじめ、デザイナーやパタンナーなどの職種を決めて、それぞれの職種にふさわしい学校・学科を選択し、技能・知識を身につけていくことが、「夢の実現」にとって重要なポイントとなっているのです。

(2) 専門学校の生活～プロになるための教育とは

① 好きだけじゃやっていけない！

「学校生活はとにかく厳しかったですね。ファッション業界自体がとても厳しい世界なので、そこでやっていける人材を育てるっていうことがあったんだと思いますけど。とにかく、好きだけじゃやっていけない！もちろん好きじゃないとやっていけないですけどね。」

デザイナーになることは進学前から決めていた阿部さんでしたが、パタンナーの技術もデザイナーになるうえで重要だと考え、デザイナーとパタンナーの育成を行う三年制の総合科に進学しました。好きな道を選択し、具体的で納得のいく進学をした阿部さんでしたが、それでも専門学校生活は予想以上に厳しかったと言います。

「課題がきつかったんですよね。例えば、卒業のためには三着洋服を作らないといけないんです。自分のアイデアを出さないといけない課題なんですけど、それができないと卒業できないんですよね。で、ダメ出しがきついんです。先生達は、有名な現場での経験者がほとんどで、一流の人ばかりですし、熱心に教えてくれるんですけど、その分、チェックも厳しいんです。それに、フランス人の先生も多くて、フランス語で容赦なくやられると、もうパニックになっちゃったりね・・・。

それで、この課題がとにかく、自分だけのものをみつけて作らないといけないんです。特に厳しいのがデザインの先生で、オリジナリティがないとつき返される、っていうか、デザインを描いてきた紙をゴミ箱に捨てられちゃう。それはもう感覚の世界だから・・・。そういうのが精神的にはきつかったですね。

——普段の授業や課題の提出も厳しそうですよね？

「そうですね。提出が一日でも遅れると、その授業は○点ですからね。先生の話していることは一言も漏らさないで聞いてやろうって思いますし、課題の作成はほとんど徹夜でしたね。」

毎日朝の九時から夜の八時までの学校生活、厳しい授業と課題の提出、バイトやサークルはほとんどできない生活の中で、ついていけない人もたくさんいたと言います。実際、入学時、一八〇人いた同学年は、卒業時には一〇〇人ぐらいにまで減っていたそうです。それでも、「最初は、きつくて、「絶対無理！」とか思っていたんですけどね。いつのまにか、できるようになっていたんですね、不思議と。」というように、阿部さんは専門学校の厳しい学校生活にもだんだんと慣れ、プロとしての姿勢を作り上げていったのです。

② プロを育成する教育

学生の側から見た専門学校生活の厳しさは、専門学校の側からみると当たり前のこととされています。なぜなら、服作りのプロを養成することこそがS学園の教育目的だからです。この点を具体的に見てみましょう。

S学園は、服作りのプロに必要な能力として、⑴確かな専門技術、⑵産業・市場動向の把握、⑶自分の世界（オリジナリティ）の追求という点をあげています。プロになるためには、⑴は大前提。そのうえで、ファッション業界では、産業や市場の動向、つまり「流行」を先取りする力⑵がどうしても不可欠となりますし、また多くのファッションのなかで自分の作ったものを「流行」に位置づけながらも際立たせるための能力⑶も必要となるのです。

こうした教育目標のもと、カリキュラムや教育方法が設定されています。例えば、カリキュラムには、基本的な技術・知識を育成する授業のほかに、「産業を知る」、「産学協同プロジェクト」（企業と協同で服作りから販売までを手掛ける授業。企業のデザイナーを招いて、服のデザインを行い、作成し、実際の店舗でそれらを販売する。）という授業が組み込まれ、経験を通して産業や市場の動向を把握できるように工夫されています。また、あとで詳しく触れますが、「自分の世界の発見」、「自分の世界の発展」といった授業も組み込まれており、自分の世界の追求も重視されていることが分かります。

教員に関しては、「デザインとは何か、プロの仕事とは何かということを常に追求している人でないと、市場の動向を把握することはできないし、個々の学生の個性を伸ばすサポートもできない」（S学園教員）という考えから、現場での長い経験を持っている人や、現在も活躍している人を教員として採用しています。そして、そうした教員が個々の学生に対応できるよう、少人数制（一クラス三〇人以下）をとり、実習を中心にした教育方法が設定されているのです。そうした理由を、S学園の教員は次のように話してくれました。

「結局、洋服に限らず、モノを作る仕事っていうのは、実際にやってみながら教えないと伝わらないんですよね。だから、どうしても実習が欠かせないと思います。それに加えて、ファッションの世界では、一人ひとりの個性が全然違うから、それぞれをどう伸ばしたら面白くなるのか、って考えます。そういう指導をするためには、マンツーマンでないとね、絶対にうまくいかないんです。もちろん、その分、厳しいことも言ったりしますよ。というか、少人数だからこそ厳しいことが言えると思いますしね。特に、期限とかはね。でも、プロの世界では、「風邪をひきましたから、納期を延ばしてください。」なんて、通用しないでしょう。プロとしての姿勢をつくっていくという意味でも、あえて厳しくしている面はありますね。」

(3) 自分を解放する喜び~モノづくりの教育の魅力

① 面白いから学びたい!

プロの養成という意味で、厳しい面がある専門学校教育ですが、阿部さんは「辞めようと思ったことはない」と言います。なぜなら、そこでの学びがとても「面白かった」から。

「高校まで勉強はとても嫌いだったんです。もともと覚えることが人より遅いみたいで、周りとペースが合わなかったんです。だから中学にも、ほとんど行ってませんでした。

でも、S学園では全然違いましたね。無理やりやらなくてはいけないって感じではなくて、面白いから覚えたいって思いが強くて。例えば、パターンの方は覚えることが多くて、難しいんですけど、やっぱりそれでも覚えて自分で作ることができるとうれしいんです。そうなると、わかりたい、覚えたいって思えるようになってくるし。」

なぜ、S学園の教育は面白いのでしょうか。阿部さんが第一の答えとしてあげたのは、「自分とは何か」を追究しそれをモノに落としていく（表現する）という過程の面白さでした。

「入学したときって、なんとなく、「自分らしさ」って持っているように感じるけど、自分の本当にやりたいこととか表現したいこととかって具体的にはわからないし、表現できない。でも、プロとして活躍するためにはどうしても自分の売りがないといけない。

だから、S学園では、徹底的に「自分研究」をするんですね。何を見て、何が好きなのか、それを見極めていく練習をしていくんです。好きなものを集めて、絵とか本とか、写真とか、そういうのをたくさん集めていって、ノートにしていって、ブックしていく。自分の好きな本からインスピレーションを得て、服に落としていく。そういうことで、自分の世界観を作って、それを洋服に落としていくんです。

そういうのを積み重ねていく中で、だんだんと、自分が何を好きなのか、何を表現したいのかっていうことが具体的に見えてくるんです。なんていったって、表現したもの（服）が目の前にあるんですからね。例えば、卒業コレクションでは、自分の作品を何着も作って自分だけのブースに飾るんですけど、飾り終わったときは充実感がありましたね。「誰が一番」とかじゃなくて、みんなが自分だけの作品を作りきれたって感覚を持っていて、それをそれぞれ誇りに思っているみたいな感じで。そのとき、入学したときの「なんとなく」の感覚をやっと具体的に表現できたんだと思います。」

自分が持っている曖昧な感覚を、三年間の専門学校教育を通して具体化し表現していくこと。それこそが、阿部さんの感じた服作りの面白さだったのです。

② 教員と学生がともにモノを創造していく

自分の個性を解放していくことの面白さ。それを可能にしたS学園の教育について、阿部さんは次のように言います。

「例えば、新しいモノを学生が作ろうとしますよね。そうすると、必ず先生が一緒に考えたり、悩んだりしてくれて、アドバイスをしてくれるんです。それは、やっぱり、ただ教えてくれるっていう感じじゃなくて、一緒に作っているって感じで、その中で育ててくれるみたいなものだったと思います。一対一の場面もとても多いし、いろんな意味で、先生と学生の距離が近い気がしましたね。」

これはS学園の教育理念と完全に一致しています。S学園は、個性こそ創造性の源泉として尊重し、個性を伸ばすこと、そしてそこで得られる解放感の獲得を重視しているからです。だからこそ、教員と学生の関係も単なる知識・技能の伝達関係というとらえ方をしていません。

「デザインって、教員から一方的に教えられて身につくものじゃないと考えています。なぜなら、「これが正解」っていうのがあるわけじゃないから。どんなものが「よいモノ」なのか、ということを、流行を見極めながら考えていくことが大事ですからね。だから、デザインの能力は実践の場で学生と教員との共同作業を通じて身につけるものだととらえています。もちろん、最低限のことは教えなきゃいけないけど、それ以上のことは個々人の個性を伸ばすって形になるんです。だから、教員の側もたえず、「デザインとは何か」ってことを問い続ける努力が必要になるんですよね。そうした努力があるから、学生への指導もできると思うし、逆に学生から教わることも本当に多いですね。」（S学園教員）

モノを作る、創造していくことの教育とは、単なる知識や技能の伝達のみではなく、教員と学生がともによりよいモノを作っていくという共同作業によって可能になるということがわかります。共同作業だからこそ、学ぶ側は「個性の解放」を実感することができますし、学びを「面白い！」と感じることができるのです。[2]

(4) モノづくりの現場へ

看護師や美容師など、その資格を持っていないと就けないような職業を対象とする専門学校では関連分野への就職率は高いのですが、ファッション業界など、資格などよりも実力を重視する分野では学校によって就職の動向も大きく違います。そうしたなか、S学園の教育は高く評価され、多くの人が希望する職種に就ける[3]など高い実績を示しています。阿部さんもS学園で培ったプレゼン能力を活かして、中堅アパレル会社にデザイナーとしての就職を果たしました。

「働き始めた今だから分かりますけど、企業の側はその人は何ができるのか、そして企業が必要とする人材なのかってことを把握したいわけですよね。だから、自分の世界観を作らせるっていう、S学園のやり方は就職にはとても役立ったと思います。面接のときにアピールすることができるし。おかげで、今の会社のときも「世界観を持っているね」って言われましたし。」

夢を実現するための就職を果たした阿部さん。就職三年目の現在は、一月あたり三〇着ほどのデザインを担当し、朝の九時から夜の一〇時ぐらいまで働く、忙しい日々をおくっています。とくに、学校時代には感じなかった、「売れなければならない」という圧力とのつき合いは難しいのですが、そんななかでも学校時代に培った「自分の世界観」と、モノづくりのやりがいをもとに頑張っていると言います。

「多分、この業界は、自分の世界観がないとやっていけない業界なんです。いろいろ、周りから言われたり、上から言われたりもしますよね、やっぱり、上は売らないといけないから。もともと、企業のデザイナーって、売れるものを作らないといけないから、好きなものばかり作れるわけじゃないんです。でも、そういうなかでも、自分の世界観があれば、あまり揺らがないんです。もちろん、売れないと駄目なんだけど、自分の好きな服を作って売らないと、結局駄目になると思います。

そういうことの折り合いをつけていくってことがプロなんだろうなって、今では思っています。そうやって苦労して作ったものを、お客さんが着ているのを見たりすると、ホント、うれしいですし、周りから「阿部さんらしい服だね」って言われると、「やったあ！」って思いますね。それが、一番のやりがいですね、やっぱり。だから、今後も、少しでも自分らしい服を作っていけたらな、って思っています。」

モノづくりの世界では、さまざまな制約があるため、いつも満足がいくものを作れるわけではありません。しかし、そうした制約のなかでも、少しでもよいものを作っていくという姿勢こそプロの姿勢だということを、阿部さんは指摘しているのです。

阿部さんの事例は、「もうひとつのキャリア形成」としての専門学校の意義や可能性を示しています。従来、専門学校進学はキャリア形成のメインルートではなく、大学進学や短大進学よりも低く見られがちでした。しかし、阿部さんの事例が示すように、職種によっては専門学校の方が大学等よりも有効な教育を行っている場合も多く、また、専門学校に進学しなければ就けない職種も多くあります。しかも、専門学校は具体的な職業に対応した教育を行っているため、阿部さんのように好きなことが明確な人や、就きたい職業がはっきりしている人には、職業につながるルートとして大きな意義を持っているのです。

また、阿部さんの事例は、好きなことを学ぶことや、モノを作ることを学ぶことが、自分自身を追究し、そしてそれをモノに表現していくという点で、主体的な学習や積極的な学びへとつながっていく、という専門学校における学びの特徴を示しています。大学や短大とは異なる性質の教育がなされ、そのなかで主体的な学習が行われるというのは、「もうひとつのキャリア形成」としての内容面における専門学校の可能性を示すものです。

もちろん、キャリア形成のルートとして、また内容面において、専門学校に課題が多いことも事実です。夢を抱いて進学しても、就職がうまくいかなかったり、就職しても過酷な労働条件や仕事の厳しさに直面したりする人は多くいます。また、専門学校の教育が、進学前に想像していたものとは違っていたり、厳しいカリキュラムについていけなかったりして、退学してしまう人も少なくありません。

こうした、専門学校の現実や課題を直視しながら、他方で、専門学校の意義や可能性を追求していくことが、「もうひとつのキャリア形成」を展望するうえで重要なことだといえるでしょう。

1　正式名称は専修学校専門課程。

2　こうした技の教育の特徴については以下を参照。
中西新太郎「パフォーマンス文化と文化継承の新しい課題」『教育』二〇〇三年三月号。

中西新太郎「学ぶ主体の形成をめざす教育の課題」『日本の科学者』21―2．一九八六年。

佐伯胖「なぜ、いま「わざ」か」〈生田久美子『「わざ」から知る』東京大学出版会、一九八七年．

佐伯胖『「わかる」ということの意味』岩波書店、一九九五年。

森和夫『技の学び方教え方』中央職業能力開発協会、二〇〇三年。

3　服飾分野の関連分野就職率は全体的に低く、二〇〇四年度で四八％。職種でも専門職就職は難しく、デザイナーやパタンナーを目指していても、販売職などに就くケースも多い。

第4節　安田工業の熟練工養成

本節では第2節で少しふれた、安田工業という工作機械メーカーの熟練工の養成について紹介します。同社は岡山県下里庄にあります。同社が製作する工作機械の精度・信頼性は、自動車レースのF1で有名なフェラーリ社が世界一と評価して発注するような、世界最高水準のものです。安田工業は日本を代表する世界トップクラスの工作機械メーカーです。同社は体系的な企業内教育・訓練の仕組みを持っているわけではありません。係長や課長などの役職に応じて実施する階層別教育も、総務や経理、製造などの仕事の種類に応じて実施する職能別教育の仕組みも持っていないのです。それにも関わらず、同社は高精度・高信頼性の工作機械を製造する熟練技能を連綿と受け継ぐ熟練工を地道にしっかりと育てているのです。さて、どのような育成をしているのでしょうか。

(1) 経営理念と事業戦略

どのような会社にも、「こういう会社でありたい」という経営理念があります。安田工業の経営理念は二つです。一つ目は、「最大ではなくて最高を目指す」です。二つ目の経営理念は、「精度は作りこむものである」です。この二つの経営理念によって、同社は世界トップクラスの専用工作機械メーカーになりました。

一方には、大量生産を得意とするメーカーがあります。そこでは、最初に、工作機械のモデルが試作部門で作られます。熟練工はエンジニアと協力して、工作機械のモデルを作ります。精度とコスト面からみて量産できるという結論がでたら、次に、下請け会社や自社の製作部門に量産の指示をだします。熟練工が働いているのは主に試作部門となります。

このような量産型メーカーでは、価格競争の悪循環に陥る可能性があります。このような会社がなぜ大量に作るのか。その理由は、競合する他社よりも製造コストを下げて、販売価格も下げたいからです。その結果、「一個当たり、どのくらい儲かるか」という利益率も下がってしまいます。一個当たりの利益率が下がってしまうから、さらにたくさん作って儲けの量を増やさなければなりません。

量産型の工作機械メーカーと異なって、安田工業は一品生産を得意とするメーカーです。大量生産→コストダウン→利益率低下→大量生産という悪循環を避けています。製作する工作機械は、すべて顧客の個別注文に応じて作っています。大量に生産しませんから価格は割高です。しかし、顧客は確実に買ってくれます。なぜならば、同社の工作機械は精度が高く、惚れ込んでいる会社が国内、国外にたくさんあるからです。

同社は近年、経営を多角化しました。バブル経済破綻以後の経営困難から学び取った新しい事業戦略です。多くの民間大企業は、採算に合わない部門を切り離して、利益率の高い部門だけを残そうとしました。これに対して、安田工業は半導体製造装置の最終仕上げ工程を行う事業部門に乗り出しました。この新たな製造部門を社内に取り入れました。

一般に、工作機械の景気循環は約一五年周期です。景気循環は市場経済であるかぎり避けられません。景気循環の影響を最小限に抑制したいというのが、工作機械メーカーの本音です。そこで、同社が採った事業戦略は、経営の多角化を図ることによって経営を安定化させることでした。景気が不況の局面になれば、事業収益は悪化します。景気が悪くなっても生き延びることができるように、同社は半導体製造装置の最終仕上げ工程を取り込んだわけです。

(2) 能力主義志向の弊害排除

他の工作機械メーカーと同じように、安田工業も、バブル経済破綻に前後する時期から深刻な経営困難に陥りました。国内のみならず国外からの受注も激減し、倒産寸前に追い込まれました。当時を回顧して、ある労働者は「会社に来ても仕事がないので敷地内でキャッチボールをしていました。」と笑っています。

当時、日本全国でリストラの嵐が荒れ狂い、長い間会社と一体になって働いてきた中年労働者、不採算事業部門に配置されていた管理職が辞めさせられました。未曾有の経済不況のなかで、労働組合もリストラを容認しました。しかし同社は、経営破綻寸前になっても一名の解雇者も出しませんでした。岡山県の田舎町に仕事があるはずはありません。同社社長は「いったん熟練工を手放してしまったら、二度とわが社に戻ってきてくれない」と判断しました。可能な限りリストラ策を回避しました。メーンバンクからの借り入れ、社有地の売却、管理職を含む全労働者の賃金カットなどによって、同社は経営困難を克服したのです。

経営者が事業の将来的な見通しを持っていたこと、自社の競争力の源泉を知り抜いていたことが重要です。それらに加えて、労働者の多くが自作農地を所有しているために、農業収入が労働者家族の家計を助けたこと、銀行から派遣された管理者が、工作機械工業の循環的特性を見抜いていたこと等が作用して、同社はいちはやく経営困難から脱出することができました。
ところで、能力主義管理とは、「個別管理の徹底」と「小集団管理」から構成されています。[1] 両者を結んでいるものは、職場の上司が部下を対象にして行う人事考課です。多くの日本企業は一九七〇年代以後、この能力主義管理の考え方を導入しています。しかし、同社は、能力主義管理の考え方を採用していません。一九九七年に訪問したとき、同社総務部長は「どうもわが社には能力主義はなじまないようです」と言っていました。

「わが社の人事考課は客観的である」と断言できる人間はいません。人事考課項目を整理してみても、管理・監督職を対象とする考課者訓練を繰り返し実施してみても、第一次考課に加えて第二次考課、第三次考課を実施してみても、人事考課制度というのはやはりパーソナルアセスメント（人物評価）になってしまうものです。同社の総務部長は、工作機械の精度をつくりだす熟練工の働きぶりを考えると、能力主義的な考え方はあまりよい影響を与えないと判断したのでしょう。それはなぜなのでしょう。

第一に、製作する工作機械が全部異なっている以上、工作機械を製作するための一つひとつの作業は完全無欠でなければなりません。若年世代の労働者の作業は、年配の熟練工や管理・監督者から厳密にチェックされなければなりません。ちょっとでも手を抜くことは許されないのです。

第二に、専門的な知識と高い技能を要する作業は、実際にその作業を担当する労働者自身に委ねざるをえません。作業効率を競わせることは、かえって手抜き作業を生み出しかねません。人事考課を実施して、労働者のあいだに処遇格差を作り出してみたところで、創意や工夫の気持ちを萎縮させたら、また、熟練工としての誇りや生きがいを低下させたら、それこそ元も子もありません。上司による一方的で主観的な評価に対しては、職場労働者から反発する感情が生まれるかもしれません。

第三に、労働者の毎日の仕事の量を貨幣に換算できるほど、同社で働いている労働者の作業は、個人別に割り振れるほど簡単で単純なものではありません。一五年、二〇年という長い修行を積み上げてきた熟練工が、お互いに協力し合って作業を進めていくからこそ、高精度の工作機械を作り出すことができるのです。職場では、個人間競争ではなくて、集団的な共同作業が必要です。

労働者の年齢、勤続年数などの属人的要素を重視しているのが、同社の人事労務管理の特徴です。能力主義管理を採用していない同社の人事労務管理は、まるで時代遅れのようにみえます。しかし、現代日本企業の人事労務管理の現状をみれば、能力主義の弊害を排除することこそ必要です。日本生産性本部は、行き過ぎた能力主義に警告を発しています。日本生産性新聞（社説）は「日本的経営を体現する日本の企業経営がそれ自身の手によって不安定さを作り出し、それを加速させていることに気付かなければならない。従業員の心は深部で企業から離れ始めている」と指摘しています。[2]

このようにみれば、能力主義を拒否している同社の姿勢こそ最も先進的であり、時代の先端を行っているといえます。換言すれば、時流に流されたりせずに、時代の先を読みぬく先見の明を持っているのです。能力主義を拒否する理由はどこにあるのか。それは、世界に誇る専用工作機械を製作する職場の組作業組織のなかに潜んでいます。

(3) 組作業組織における陶冶と訓育

同社で働く年配労働者は実にいきいきと働いています。彼等の立ち居振る舞いからオーラがでています。年配労働者の働き振りを若い労働者たちが敬愛のまなざしで見ています。若い世代の労働者は何とかして年配労働者から仕事のノウハウを学び取ろうと必死です。若い労働者たちは口を揃えて、「工作機械を製作する職場では、俺たちがいくら頑張っても年長者の持っている高度の技能を追い越せない」と言っていました。

職場には、年齢・勤続年数と労働者の技能序列とが相関関係にあります。日本の多くの企業では、「給料が高いわりに能力がない」とか非難されて、年配労働者が肩身の狭い思いをさせられていますが、安田工業では、職場で働く年配労働者も中年労働者も、そして、若い世代の労働者もいきいきと働いています。特に年配労働者や中年労働者が元気溌剌に働くことができるのは、工作機械を製作する過程で彼等が若い世代の労働者を指導し、具体的な作業のやり方、ものの見方や考え方、問題に対するアプローチの仕方を教えているからです。どのような職場であっても、仕事のできない先輩労働者や職場の上司は若い労働者や部下から尊敬されません。同社では、手取り足取り教えてくれる年配労働者は、教えを受けている若い労働者から尊敬されています。

同社の工作機械は労働者集団によって製作されます。特に工作機械を組み立てる作業を行う場合、年配労働者、中年労働者、若年労働者三名前後の組作業組織が存在しています。この組作業組織が、最初から最後まで工作機械の組み立て作業をこなします。つまり、組作業組織のなかに、「教える者」と「教えを受ける者」との間の教授・学習過程がビルトインされています。年配労働者によるマンツーマンの作業指導が組作業組織の中に組み込まれているのです。[3]

工作機械を製作するには、ベストとみなされて、連綿と引き継がれてきた独特の作業があります。工作機械を組み立てるなかで必要とされる作業の典型は、キサゲと呼ばれている手作業です。

キサゲ作業とそれに関連する判断作業について説明しましょう。キサゲという手作業は、機械の動面を手作業で削って、お互いに補正・修正していく作業です。キサゲ作業では、部品の動面に光明丹（こうみょうたん）と呼ばれる顔料を塗り、互いに擦り合わせます。光明丹のつき具合によって、接合面のわずかなデコボコが分かります。つまり、顔料が触れている部分と触れていない部分との間に濃淡が出てきます。それをキサゲで削り落とし、また組んでみるのです。このような作業を何度も繰り返すことによって、高精度の工作機械は実際に動くたわみを押さえ込み、ミクロン単位の誤差を防いでしまうのです。

「鉄は生き物である」と言う年配の労働者によれば、単に平面をキサゲ作業で削るだけならば、二〜三年程度でマスターできるのだそうです。しかし、数トンという重い半加工製品を削る場合、その製品自身の重さのために鉄は沈みこむそうです。この沈み込むことを按配・考慮して、熟練労働者は逆に盛り付けをすることになるのだそうです。どれだけの重さの鉄が乗ったらどれだけの盛り付けをするかは、長年の経験から判断されています。元来、設計図に記載できるものではないのです。このような判断ができるには、二〇年前後の修行を必要とするそうです。

年長者によるマンツーマンの指導とは、やってみせ、やらせてみせ、できばえを考えさせては、またやらせてみるという方法です。このような教授・学習過程は、実際に身体を使って作業を行う部分と自分の作業を見直して、考えさせてみてはまた指導するというやり方です。熟練作業のなかにいわば「手の労働」と「頭の労働」とが統合されています。組作業組織では年長者が組作業組織の指揮者となり、中堅者を介して若年者が指導されています。若者を一人前に育成する仕組みが、ビルトインされているのです。

組作業組織では、経験によって身につく技能が重視されています。なぜ経験的技能が重要なのでしょうか。工作機械の製作で求められる技能が、設計図や作業標準書に示すことのできる技能水準を遥かに超えているからです。退職後、再雇用で働いている年配の熟練工の一人は、「作業標準書をどうやって書けばよいかは分かっているのですが、しかし、勘とかコツとかは書けないのです。もし書いても、それを読んだ人がそれを文章で分かるかというと、読んでも分からないものはやはり分からないのです」と述べています。[4] つまり、同社の職場に生きている熟練とは、言葉や記号で巧みに表現できるようなものではないのです。

仕事において高度に専門的な技能が「ものを言う」職場では、年功的処遇方式が適合的です。人事労務管理のあり方においても、組作業組織のなかに見出されるような年功的職場秩序を維持することに力点が置かれています。若者が年長の労働者を無能呼ばわりする職場風土は、同社には微塵もありません。労働者がお互いに協力し合ってこそ、工作機械は組みつけることができるという文化が職場には根付いています。

(4) おわりに

同社では、廊下ですれちがう若年労働者の顔がいきいきとしています。工場で働く労働者ものんびりと、じっくりと、自分の思いどおりに仕事をしているように見えます。張り詰めた緊張感と同時に、労働者本人と組作業組織が主体となって仕事をしているゆとりも感じられます。同社では、見学者に対する冷たい目線を感じとることがありません。直截な言い方をするならば、「世界中の誰にも負けない高品質・高精度の工作機械は、この俺の頭脳と手とによって作られている。だから、暇を見つけて誇るべき俺の仕事振りを見ていって欲しい」といわんばかりの労働者の顔があるのです。

このように、製造職場で働いている労働者の顔つきや表情、物腰や態度にはすばらしいものがあります。仕事をするのが楽しくて仕方がない中堅労働者、仕事を覚えて一人前の仕事をしたい若者、「俺が教えてやるから俺についてきな」と言う年配労働者が、モノづくりという共通の目標に向かって頑張っています。

真剣に仕事を学び、仕事に生きている労働者一人ひとりがこの会社では大切にされています。大切にされているのは年配の熟練工だけではありません。熟練工をめざして頑張っている若者も大事にされています。

一般に、モノづくりはヒトづくりといわれます。安田工業はこの意味するものを実感として教えてくれる企業です。モノづくりの精神を大切にすればこそ、モノづくりを得意とする企業は、そこで働いている労働者を大切にします。経営者の厚い心が従業員一人ひとりの心に浸み込んでいます。立派な経営者の下には立派な労働者が集まってきます。両者が力を合わせれば、世界トップクラスの会社に成長できます。そのような厚い思いにとらわれるのは、筆者だけではないに違いありません。

1　日経連『能力主義管理―その理論と実践―』日経連広報部、一九六九年三月、二四頁参照。

2　『日本生産性新聞』の社説（一九八一年五月二〇日）は、行き過ぎた能力主義の弊害について、能力主義が職場にもたらした弊害は職場労働者の人心離反を指摘しています。日本生産性本部は、能力主義管理が職場の人間関係を引き裂いてしまうこと、企業忠誠心をもった多くの労働者の心がその深部において企業から離れていくことに警告を発したのです。

3　平沼高「日本における技能形成とその継承」（『経済』誌、№73、二〇〇一年一〇月）で、個人間競争、世代間競争を煽る能力主義、実力主義が、職場において年配の労働者が後輩の労働者に仕事を教えるという職場文化を破壊することを指摘し、熟練工が働く多くの技能職場では、従来の年功的技能形成システムが健在であることを指摘しています。

4　田中萬年「安田工業の技能者養成Ⅱ」（木村誠代表『産業構造の変化と産業教育訓練の課題と展望』、文部省科学研究成果報告書、所収、一九九九年三月）、一二六頁。

コラム

能力主義管理

21世紀の今日になっても、「能力主義が必要である」「実力本位でなければならない」という声がきかれます。しかし、能力主義管理が登場したのは、「資本の自由化」を目前とした1969年のことです。日経連は、当時の日本を代表する大企業の経営者、人事部所属の有能な実務家を抜擢し、大学教員を加えて、能力主義管理研究会を組織しました。集中的な議論と綿密な検討作業を踏まえて、能力主義管理研究会報告がだされました。翌年にはこの報告書が刊行されました。それ以来、日本の多くの民間企業は職能資格制度、目標管理制度、自己申告制度、職能給制度、人事考課制度等を導入するようになりました。

第2章

先進諸国の若者の職業教育

序　節

第1章では、日本の職業教育の中で学ぶ若者の様子を紹介しました。では世界の先進諸国の職業教育はどのように行われているのでしょう。各国の職業教育は、それぞれの国の事情によって、それぞれに発達しており、ひとくくりに「このようなシステムで運営されている」と紹介することはできません。そこで本章では特徴的な職業教育、特に製造業を中心とした熟練者の育成システムを有している国を紹介します。

マイスター制度など、職業をめざした教育が発達していると認識されている国にドイツがあります。ドイツはマイスターを頂点とした職業資格が強固に維持されている国です。日本の資格制度の状況から想像すると、このような国は特殊なのではないかと思われるかもしれませんが、実は同様に資格制度の発達した国が欧州には多く存在しています。本章ではその例として第3節でドイツ、第4節でフランスの職業教育を紹介します。また一般には、市場原理に基づく自由競争の国と認識されて、職業資格を中心とした教育制度とは縁遠い印象のあるアメリカの職業教育の状況を第1節で紹介します。さらに、日本と同様に若年者のニート・フリーター問題に直面したイギリスの状況を第2節で紹介します。

先に述べたように、それぞれの国が抱えている状況は異なるのですが、その処方箋として共通しているのは、特定の職業をめざす教育が整備されていることと、各職種に、一定の仕事ができることを保証する資格制度が設定されていることです。日本の状況と比較しながら、読んでみてください。

第1節　アメリカの若者と現代の徒弟制度

この節では、最初に、アメリカ社会で大人になるということはどういうことであるか、精神的にも経済的にも自立した大人になるということはどういうことを意味するのか、これらのことを説明しています。日本の大学生と異なり、なぜアメリカの大学生は一生懸命に勉強するのでしょうか。

それは、一八歳になればひとりの大人として生きなければならないこと、大学に進学した以上、しっかりと勉強しなければまともな職を手にすることができないことを若者自身が知っているからです。ごく普通の労働者の家庭では、両親でさえ単なるサポート役しか果たしてはくれません。二〇歳を過ぎたわが子を結婚する日まで面倒を見てくれるのは、先進工業国の中で日本だけなのではないでしょうか。アメリカでは、四年制大学に進学したりせずに徒弟制度に入っていく若者もたくさんいます。四年制大学を卒業しても定職を見出せず、伝統的に熟練職種であるといわれている職種を選んで、徒弟制度に応募しテストを受けて、職人への道に進んでいく若者もたくさんいます。

本節ではまず、アメリカの若者の就職状況を紹介します。その後、職業能力を習得するための主要な教育の仕組みである徒弟制度を説明し、その徒弟制度で学ぶ若者の実態を紹介します。ここでは、祖父と父が歩んできた同じ道を選択したジョン・スティーブという若者を取りあげています。彼は大工になろうと思っています。彼は高校を卒業後、徒弟制度に応募して合格し、オレゴン州ポートランド市の郊外にあるウィラメッテ大工職訓練センターに通っています。彼の生き方を通じて、現代アメリカ社会において一つの職業を持って生きていこうという若者の現実の姿を学んでほしいと思います。仕事で一人前になるのは決して楽なことではありません。祖父と父が歩いたように、辛いことも嫌なこともたくさんありますが、彼は徒弟制度を通じてしっかりと職業について学んでいこうと思っています。

(1)　アメリカの大学生の学業と就職

公民権法に従えば、ある年齢に達したからといって従業員を解雇するのは違法です。だから、アメリカ企業には、年齢を理由にして雇い止めにする定年制度はありません。定年制がなければ、毎年四月一日付けで学卒者を一括採用する必要もありません。高校や大学を卒業した若者が卒業と同時に就職できるという制度はないのです。また、企業が従業員を採用するのは職務に空席があるときだけです。採用基準は空席職務（vacant job）を遂行できる能力を備えているかどうかです。応募者は自分の能力を客観的に証明するものを持っていなければ企業から採用されません。短大卒、大卒、大学院卒という学歴は、応募者の能力を測る一つの認証手段です。

一般的にいえば、アメリカ社会では若者が成人になるのは、一八歳の誕生日又は高校卒業時です。以後、彼又は彼女は参政権（選挙権・被選挙権）が与えられる代わりに、自らの労働で生計を立てなければなりません。独立した成人に対する両親の財政支援には限りがありますから、多くの大学生たちは貧乏暮らしです。大学では容赦なく宿題が与えられます。学生は定型的なフォーマットを活用して小論文やレポートを作成し、期限までに提出しなければなりません。学業成績が悪ければ大学事務局から退学勧告が送られてきます。

春休み、夏休み、冬休みになるとパート労働に精を出すのは、経済的に自立を迫られている学生の証拠です。休暇期になると学生は必至になってアルバイト先を探して、授業料、生活費、遊興費などを稼ぎ出さなければなりません。いわば〝動物並み〟ともいえる劣悪な生活条件に耐えながら多くの学生は必死になって勉強します。貧乏暮らしと労働苦から脱却できる方法は優秀な成績で卒業することです。四年間も必死になって頑張って勉強しても、すべての若者が希望通りに定職に就けるとは限りません。

父親が会社を経営している学生、大会社の取締役をしている親戚がいる学生等は幸いです。有力なコネクションを持っている世話好きの知人がいる学生も幸運です。このような学生は比較的容易に定職を見つけることができます。しかし、強力な姻戚関係や人的ネットワークを持たない家庭に生まれた学生は、たくさんの会社に応募書類を送りますが、欠員補充で就職できるものは限られています。定職が見つからなければ、大卒者の多くは低賃金で不安定な職に就くことになります。失業者になりたくなければ軍隊に入るという選択肢もあります。しかし、軍隊に入れば不本意な戦争に参加を強いられ、戦地に動員されることになり、除隊後には予備役に登録されることになります。

地方の名士、資産家、金持ちの子弟は、地元の小さなカレッジに通学します。入学に際して、破格な入学金、高い授業料に加えて、家柄、門地、資産、両親の社会的地位、両親の学歴などが問われます。そのような大学に入れる裕福な家庭というのは限られています。長期休暇を活用して、海外旅行や海外でのホームステイ先にでかけていくのは、このような金持ちの家庭の若者たちです。彼等は大学の四年間を通じて哲学、思想、歴史、文学、地理学、語学等、いわゆるリベラルアーツでもって徹底的に訓練されます。この小さなカレッジを卒業すると彼らの多くは有名私立大学大学院に進学します。高い学歴と高収入を誇る彼等の多くはプロフェッショナル（高度職業専門人）の道に進みます。

(2) 四年制大学へ進まない、もうひとつの道

アメリカでは、高校卒業後あえて四年制大学に進学しない若者もたくさんいます。例えば、州政府と牧草地の貸借契約を結んでいる牧場主にとって、息子を大学に通わせることはあまり意味がありません。息子に中世文学や経済学の理論を学ばせたからといって、働き者の牧場経営者になるとは限りません。有名私立大学に進学させて学問を学ばせることよりも、息子に必要なのは牧草地の手入れや耕作地の種付け、大型機械の取り扱い、農業労働者を雇用しての収穫、家畜類の世話、同業者との交際などです。

中小企業家の子弟や労働者階級の若者たちの多くは、地元にあるコミュニティカレッジに進学します。各々の州はいくつものカウンティに区分されています。多くの若者は、このカウンティに設置されているコミュニティカレッジに通います。なぜならば、彼等にとってもっとも身近な大学とはコミュニティカレッジだからです。コミュニティカレッジの教育は地元の四年制大学のカリキュラムと連結していますから、コミュニティカレッジで習得したいくつかの科目の単位は、四年制大学の科目と振替えることが可能です。中小企業経営者や労働者階級の子弟が思い浮かべる四年制大学とは、コミュニティカレッジと連続している地元の州立大学です。

コミュニティカレッジは二年制の短大です。これは地域における職業教育のための機関です。だから、入学金も授業料も格安に設定されています。語学、哲学、歴史学、数学、物理学、統計学、生物学などの一般教養科目の他にも、コミュニティカレッジのカリキュラムは、数学、経済学、マネジメント、工学、さらには、ＣＡＤ、ＣＡＭ、数値制御プログラムの作成など、具体的な職業に直結する狭い範囲の専門科目も取り揃えています。学理的知識だけでは、実際の作業ができませんから、コミュニティカレッジには、いろいろな種類の工作機械などの設備が整った大きな訓練施設も用意されています。また、就職時に必要な応募書類の書き方、面接の受け方など、分かりやすく即座に役立つ短期集中コースもあります。

労働者階級のうち上層部の子弟は、伝統的に職人とか熟練職種（skilled trades）とかと称される職業に就きます。熟練職種で働いている職人、親方（master）、請負人（contractor）、職長（foreman）などは金持ちではありませんが、しかし、だからといって貧乏暮らしに喘いでいる人々でもありません。いわば社会階層の「中間どころ」に位置する人たちです。この「中間どころ」にいる彼等の子弟にとっては、あるいは向上心のある労働者家庭の子弟にとって、徒弟制度という伝統的な職人養成の道に入ることは、豊かで堅実な生活を確保する進路の一つとなっています。

筆者は、自動車産業の町ミシガン州デトロイトを訪れたことがあります。四年制大学の卒業者でさえも徒弟制度に入る傾向が顕著だそうです。なぜならば、四年制大学を卒業したとしても、多くの若者が希望する定職を手にすることができない現実があるからです。伝統的な熟練職種に就こうと思い直して、大卒者が自動車産業における徒弟制度にチャレンジしてくるわけです。機械据付工、工具工、保全工、電気工、配管工、自動車修理工など、自動車産業の熟練職種に就くためには、仮に大卒者であっても徒弟制度に正規の手続きで応募して、学科試験に合格しなければなりません。

四年制大学を卒業したけれども、就職することができない若者がたくさんいるという現実、この経済社会の厳しい現実を直視したとき、熟練職種の徒弟になりたがる若者も増えているようです。オレゴン州の徒弟制度・訓練部のホームページを開いてみると、「徒弟制度とは、雇用者、労働者、オレゴン州政府、そして多様な学校及びコミュニティカレッジとのパートナーシップ（partnership）の一つである。徒弟制度は、仕事に就きながらの経験と教室での教授とを結びつける職業的な技能訓練である」[1]と述べています。

このように現代の徒弟制度における教科教育は、地域における職業教育機関であるコミュニティカレッジの教育プログラムと連動する仕組みになっています。だから、連邦政府及び州政府から承認・登録されている徒弟制度を修了すれば、すべての徒弟は熟練工や職人という身分を得ると同時に、短大卒（準学士）の学位を獲得できます。さらに向上心のある職人は四年制大学へ進学することも可能です。

(3) 徒弟制度に関わる法律

現代におけるアメリカの徒弟制度の出発点は、一九三七年に制定された連邦法である全国徒弟制度法（National Apprenticeship Act）です。この一九三七年はアメリカ史にとって大きな曲がり角でありました。世界大恐慌に苦しんでいたアメリカが、ルーズベルト大統領の指導力を背景にして、準戦時経済体制に移行していく時代です。一九三五年にルーズベルト大統領はワーグナー法を制定し、連邦法レベルで労働組合を承認しました。また、一九三七年には公正労働基準法を定めました。賃金、労働時間、採用、昇進、解雇などに関する労働基準（labor standard）が定められることになりました。また、団体交渉を通じて労働者の労働条件を決めることが認められました。民間大企業が画策してきた御用組合づくりのための人事・労務管理政策も禁止されました。

歴史的に振り返ってみると、企業主導の徒弟制度は一八七〇年代に創設されました。アメリカ産業教育史は、企業主導の徒弟制度の始まりを印刷機械メーカー、R・H・ホウ社に求めています。工作機械メーカーであるブラウン・シャープ社、重電機メーカーであるジェネラル・

エレクトリック社、ウェスチングハウス社、機関車製造会社のボールドウィンロコモティブ社など、当時の多くの民間製造大企業が、多能熟練工の社内養成を目的にして工場附設徒弟学校を設立しました。[2]

企業主導の徒弟制度の典型例の一つは、フォード社のフォード職業学校、フォード徒弟学校等です。この自動車会社の徒弟制度は、フォード自動車会社の家父長的・慈恵的な労務管理の一環であり、この徒弟制度は、労働組合を敵視する労働組合対策（industrial relations）の一翼を担うものでした。徒弟たちは、昼間にはフォード社の製造ラインで働き、そして、夕方から夜間にかけての時間には、疲れて眠い身体に鞭打って職業学校や徒弟学校に通いました。

徒弟は、企業内の訓練施設で行われる学科教育や作業指導を受けると同時に、熟練労働者になるための知識と技能に加えて、労働組合運動を敵視する思想教育、英語教育を通じてアメリカ市民としての生活指導も受けました。徒弟制度終了後には、製造現場の基幹的な多能熟練工になることができましたが、職場に入り込んだ労働組合員の密告者になり、スト破り団のメンバーになることも要求されました。

全国徒弟制度法の成立は、多能熟練工を養成するための徒弟制度をフォード社の人事・労務管理という枠組みから解き放つ役割を果たしました。労働組合運動を敵視するフォード社の人事・労務管理の一環としての企業主導の徒弟制度は、この法律によって禁止されることになり、徒弟制度は連邦法が定める労働基準、つまり「徒弟制度の労働基準」をベースにして行われることになりました。すべての企業経営者は、労働組合と協力して、労使合同徒弟制度訓練委員会を結成することを求められました。労働組合を承認し労働組合と協力しなければ、企業経営者は多能熟練工を養成できない時代になったのです。

全国徒弟制度法の成立は、企業封鎖的な性格を余儀なくされていた徒弟制度の性格を変えました。なぜならば、この全国徒弟制度法は、アメリカにおける徒弟制度の基本的な枠組みである「徒弟制度の労働基準」を示すと同時に、職能別労働組合の訓練プログラム制定と徒弟制度の運営への参加を明確に示すものであったからです。この法の制定以後、すべての州におけるすべての熟練職種に関わる徒弟制度と徒弟訓練プログラムは、この法に従わなければ違法とされることになりました。この法律の制定によって、徒弟制度を修了したものには修了証書と職人カードが交付されることになり、この職人カードさえ持っていれば、全米のどの州に行っても同じ処遇を受けられることになりました。

アメリカは多くの州が集まって単独の国家をつくっています。それぞれの州にはそれぞれの歴史と伝統があります。それぞれの州にはそれぞれの州法があります。各々の州法レベルでも、現代の徒弟制度は規定されています。連邦法では law という言葉が使われますが、州法では regulation という言葉が使われます。原則的には、連邦法の規定を踏まえて各々の州法においても徒弟制度の規定が作られています。徒弟を職人に育てる中で重要なのは、実際にはこの州法レベルでの詳細な法規です。

また、徒弟制度にはもう一つ重要な法律があります。その法律は、徒弟制度における人種、年齢、性別等による雇用上の差別的な取り扱いを禁止した法律です。端的にいえば、徒弟制度に関わる公民権法であり、正確には、「徒弟制度と訓練における雇用機会均等法（Equal Employment Opportunity in Apprenticeship）」という名前の法律です。この法律の制定過程についてでは、特別な説明を要します。なぜならば、アメリカ徒弟制度に関わる文化的側面が密接に関連しているからです。

キリスト教の教義である『聖書』には守護聖人が登場してきます。キリストの父である聖ヨセフが大工であったように、守護聖人の多くは手工業に従事する職人でした。中世期以来、職人たちは自らの職業を天職（calling）であるとみなし、職業上の秘伝（secret of trade）をキリストからの贈り物（gift）であると考えていました。そして、彼らの多くは守護聖人を自らの職業集団の守護神であると定めました。

職能別労働組合は、選んだ守護聖人が白人の男性であったことを理由にして、一九五〇年代に至っても、採用する徒弟を白人の男性だけに限定していました。アメリカ合衆国の建設業に代表される徒弟制度は、採用する徒弟を白人男性だけに限定し、熟練職種における女性労働者及び有色人種の就労を拒んでいました。当然のことながら、黒人やインディアンなどのマイノリティ、世代を問わない女性たちから、伝統的な徒弟制度は批判の槍玉にあげられることになりました。徒弟制度の持つ保守的で閉鎖的な性格が批判されました。「徒弟制度と訓練における雇用機会均等法」の制定は、白人男性中心の徒弟制度に大きな風穴を開けたのです。この法律がマイノリティや女性が熟練職種に進出する可能性を広げました。

さて、徒弟制度を持っている職種は一般に、「徒弟を採用できる職種（apprenticeable trade)」と呼ばれています。徒弟を採用できる職種は、建設業、造船業、自動車産業、工作機械産業、航空機産業、宇宙開発・海洋開発、サービス業などに広がっています。パン職人、靴職人、家具職人、洋服仕立屋はむろんのこと、警察官や消防官さえも徒弟制度によって養成されます。

自動車組み立て工場では、長い製造組み立てラインの傍には、机と椅子、工具・道具類を置いておくコーナーが確保されています。このコーナーは、電気工、工具工、自動車修理工、保全工等、熟練工たちが常駐している場所です。熟練工の多くはトラブルシューティングを担当しています。ベルトコンベアーの円滑な進行にとって、この熟練工の存在と役割は必要かつ不可欠です。[3] 製造ラインで機械が停止してしまったら、自動車メーカーは、当日見込んでいた生産目標を終業時間までに達成できません。労働者には残業をしてもらわなければ、生産目標を達成できません。製造ラインを動かして、労働者に残業を要請すれば、それだけでも莫大なコストがかかります。

先端技術の結晶である宇宙開発や海洋開発、ミサイル産業、航空機産業、航空母艦、イージス艦、フリゲート艦、原子力潜水艦などを建造する造船業、スーパーカーの設計・製造等が、現代アメリカでの競争力を持つ産業です。これらの産業は特に軍事産業的な性格を色濃く持っています。これらの産業では、宇宙工学、航空力学の研究者、金属融合の研究者、設計担当のエンジニアだけが働いているわけではありません。実際に部品の試作品を作り、大型専用工作機械を使って金属加工を行い、手作業でたくさんの部品を取り付け、複雑な配線作業を行なうためには、高度熟練工（highly skilled worker）が必要不可欠です。このような熟練工たちは、航空宇宙局（ＮＡＳＡ）や航空機製造会社のボーイング社でも働いています。

近年における製造技術は目覚しい勢いで進歩しています。加工する素材も近年レアメタルが使われるようになり、加工が難しくなっています。加工でも組み立てでも、熟練工には専門的な技術と技能の高さが要求されます。熟練工は製造技術の革新や素材の変化に対応し、不断に技能を高めなければなりません。徒弟制度終了後であっても、熟練工は学習を継続させなければ、最新の製造技術に対応できません。熟練工は、専門的で高い学理的知識と現場での豊かな経験を持っていなければならない時代になっています。

(4) 建設業の徒弟制度 ―その一―

建設業界の頂点に立っているのは大手建設会社です。大手建設会社は一般にゼネコンの名称で呼ばれています。大手建設会社は多階層のビルディング、工場、倉庫、商業用住宅、個人住宅などを受注すると、数多い建設作業の一部を請負人に発注します。大手建設会社と請負人との関係は、請負単価をめぐる交渉と契約によって成立する社会関係です。建設業において雇用者（employer）と呼ばれているのは、建設会社と仕事上の請負契約関係にある請負人（contractor）です。

この請負人は、自由競争で仕事を落札することもあります。また、大手建設会社から直接指名される場合もあります。いずれにしても、大手建設会社から建設工程のなかの仕事を請け負うと、請負人は複数の職人を雇用して、彼等に請け負った仕事を担当させます。雇い入れた職人のなかで指導力を持つ職人を職長に任命して、職長に仕事の監督を任せる場合もあります。また、雇い入れた職人を直接的に指揮・命令・指導することもあります。この請負人と職長や職人との社会関係は賃金をめぐる雇用関係です。

さて、統一大工職友愛会は、大工職における徒弟制度の維持と発展に力を入れています。全米各地に職業訓練センターを設置しています。この労働組合は職能別労働組合（craft union）

です。統一大工職友愛会の成立は一九世紀末ですから、一〇〇年以上の長い歴史を持つ伝統のある強力な労働組合です。この統一大工職友愛会が組織しているのは、単に大工だけではなくて、室内装飾工、木工家具職人、足場職人、機械据付け工、杭打ち工、指物師をも含んでいます。

それぞれの職業訓練センターは職能別労働組合の管轄下に置かれています。全国組合である統一大工職友愛会は、地域を単位とする地域支部（local union）から構成されています。事実上、この地域支部が職業訓練センターを設立して、管理・運営しています。職業訓練センターを成立、維持、発展させるには多額の費用が必要となります。広大な土地、学科教育用の教室、作業実習室、パソコン機器、ＣＡＤ・ＣＡＭ、工具・道具、木工用工作機械、事務室、所長室、会議室、資材置き場、駐車場などがなければ、教育施設としての職業訓練センターは十分ではありません。また作業指導員、教科指導員、職員、所長等に毎月の賃金を支払う必要もあります。

建設業の徒弟制度を見る場合、特に重要であるのは、それぞれの職業訓練センターの建物は支部組合の事務所と隣り合わせであるということです。板金工を養成するシートメタル訓練センターでは、建物のおよそ五分の四の面積は、教室、実習場、事務室、所長室、会議室等に当てられていますが、残りの五分の一を占める面積は、シートメタル労働組合第一六支部の組合事務所となっています。ウィラメッテ大工職訓練センターの場合も、あるいは電気工訓練センターの場合も同じように、職業訓練センターの建物は、地域支部の事務所と隣り合わせに作られています。

毎年、職人何名当たり何人の徒弟を募集するかという問題が発生します。地域の労働市場において職人が供給過剰になれば、職人という資格はインフレ状況となり、職人相互間の競争が激しくなり、職人の雇用機会が減少し、受け取る賃率も下がります。また、逆に職人が不足気味になれば、雇用機会は増えることになり、職人の受け取る賃率も高くなります。だから、その地域において何名の徒弟を採用するかという問題は、職能別労働組合に結集する職人にとって重要な問題となるのです。徒弟の採用数を実際に決めるのは、労使合同徒弟制度訓練委員会です。

徒弟の公募・採用に当たって、一定の応募資格条件が示されます。しかし、公民権法の規定から徒弟の採用に当たって人種、性別、年齢を理由とする差別的な取り扱いは許されません。少数民族の家庭でも構いませんし、女性でも構いません。高卒であっても大卒であっても構いません。連邦法では応募者は一六歳となっていますが、高卒時の一八歳でも構いませんし、さらにいえば、たとえ四〇歳過ぎの中高年労働者であっても構いません。

とはいえ、高校進学率が九割を超えている現状ですから、ほとんどすべての職業訓練センターは応募資格を高卒以上と定めています。そして、応募に当たっては、学業成績表とならんで学校長からの推薦状を求めています。実際の採用試験のときには、面接の他に職業適性検査、薬物テスト、アビューズメント・テストを課すところもあります。応募者に何を要求するのかは、それぞれの職業訓練センターが決めることになっています。だから、応募資格条件の具体的な内容はまちまちです。

(5) 建設業の徒弟制度 ―その二―

ここで紹介するのは、ウィラメッテ大工職訓練センターにおける徒弟制度です。全米大工職友愛会という職能別労働組合は、全米各地にたくさんの職業訓練センターを持っており、それを運営しています。自前のコミュニティカレッジさえ持っている強力な職能別労働組合です。ウィラメッテ大工職訓練センターは、このような全米大工職友愛会が設置している職業訓練センターの一つです。

自分の生涯の職業として大工を選んだのは、ジョン・スティーブ（John Steve）という青年です。ポートランド市郊外に住んでいる彼はあえて大学進学の道を選択せずに、伝統的な徒弟制度に入ることを決めました。なぜならば、彼の父親は大工であり、彼の祖父もまた大工を生業としていたからです。また、大学を卒業したからといって、まともな職が得られるという保障はアメリカ社会にはないからです。

一九世紀末にイギリスから渡ってきた彼の先祖は、ニューヨーク港で船を降りました。その後、彼らは寄り集まって幌馬車隊を編成し、病気や飢えに耐えながら、厳しい自然と闘いつつ、この辺境の地であるオレゴンにまで辿り着いたのです。当時から彼の一家、特に男の子たちは大工として活躍してきました。商業都市ポートランド、州都セーラム、大学都市ユージーンの町を通るたびに、父親は「この木造の家は俺が建てた」「あのパン屋は俺のおやじが建てた」「あの教会は俺の祖父が建てたらしい」と言っていました。このような家庭で育った経験がジョンの職業上の進路に強い影響を与えています。

ジョンが応募するのは、ポートランド市郊外のウィラメッテ大工職訓練センターです。ウィラメッテ大工職訓練センターは、徒弟制度を次のように説明します。「徒弟というのは、職人と呼ばれる熟練労働者の指導下で働くことによって職業を学ぶ人たちです。その訓練方法はOJTです。貴方は学びながら稼げます。徒弟となった最初の日から貴方は賃金の支払いを受けます。通常徒弟の賃金は、職人の賃率の約五〇％が支払われます。そして、職人の賃金率に達するまで、通常六ヶ月毎、定期的に上昇します。職種によって異なりますが、一つの教育プログラムを修了するために二年から四年かかります。[4]」

徒弟として応募できるかどうかは、アプリケーション・ランクド・システムと呼ばれている評価点数制度の総得点となります。この評価点数制度は、六つの項目から構成されています。一つは、高校の卒業証明書であり、提出すると一〇ポイントになります。高校を修了していない応募者は、高校卒業資格認定試験を受けて、「合格している」という証明書が必要です。この場合のポイントは八ポイントです。二つ目は、高校時代の数学の成績です。数学の場合、基礎数学と高等数学とに区分されています。高等数学の内容は代数、幾何学、三角法、微積分です。三つ目は、就業体験と呼ばれているものです。これはさらに一般的なものと職業に直結したものに分かれます。一般的な就業体験の場合には、一〇〇〇時間あたり一ポイントがつきますし、職業に直結する就業体験の場合には、一〇〇〇時間当たり二ポイントがつきます。

四つ目は、軍事体験（military experience）と呼ばれているものです。これは戦場での戦闘行為を意味するようなものではなく、軍事関連のさまざまな行事に参加する活動です。この場合も、一般的なものと職業に直結するものに分かれています。一般的なものにとどまる軍事体験の場合には一ポイント、職業に直結する場合には二ポイントとなります。五つ目は、教科教育に関するものです。この教科目に該当するものは、職場実習、家政学、デザイン、建築学、溶接、機械製図などですが、これらの科目では一セメスターごとに一ポイントとなります。

数学の場合にも該当することですが、仮に必要な科目を履修していても、学業成績が五段階評価でC以上でないと、ポイントに数えられません。六つ目は、州労働省が認定するプリ・アプレンティスシップ・プログラムに参加し、修了している場合です。プリ・アプレンティスシップとは、職能別労働組合の地域支部が徒弟制度に応募したり高校生を対象にして実施する入職前教育のことです。これに参加していると、一ポイントとなります。さらにいえば、これら六項目の他に、自動車免許を持っているかどうかも加点対象となります。自動車免許を持っていると五ポイント追加されます。

前述の六項目に自動車免許を加えると、合計点は一〇〇ポイントになります。最低合格点は七五ポイントです。むろん合格点を満たしているからといって、すべての応募者が合格するわけではありません。身体検査、職業適性検査、面接などを加えた総合的判断によって、徒弟としての合格は決定されます。合格発表を踏まえて応募者とウィラメッテ大工職訓練センター所長との間で、大工職の徒弟契約書が締結されます。

徒弟として合格しても、最初の四ヶ月は見習い期間となります。この四ヶ月のあいだに教科指導員や作業指導員から、「貴方は適性がない」と判断されると、所定の手続きを経た後、徒弟教育の打ち切りが通告されます。同時に、徒弟は自らの意思に基づいて退学することもできます。

(6) 建設業の徒弟制度 ―その三―

徒弟訓練は教科教育、作業実習、ＯＪＴの三つから構成されます。教科教育については、徒弟は地域のコミュニティカレッジで受講します。コミュニティカレッジには、「ＰＰＣカタログ」と呼ばれる教科目表が用意されています。すべての徒弟は「ＰＰＣカタログ」の中から徒弟制度修了に必要な教科目を履修し、その単位を修得しなければなりません。必要とされる教科目の単位数の合計は九〇単位です。準学士を取得する場合、徒弟はコミュニティカレッジに通って、一般教育科目を履修し、単位を取得する必要があります。人文科学、社会科学、自然科学の三領域から合計一八単位を取らなければなりません。[6]

作業実習については、徒弟はウィラメッテ大工職訓練センター施設内の実習場で受講します。実習場では徒弟は作業指導員から具体的な指導を受けます。作業指導員とは指導員資格を有する職人です。いわば徒弟にとっては兄貴分に該当します。多くの場合、実習作業では、三分の一の大きさの住宅模型を作るように求められます。これは徒弟全員で取り組む課題です。模型といっても三分の一の実物そっくりのものですから、この模型作りに取り組む中で徒弟は、ＣＡＤシステムを使った住宅設計の仕方、構造計算の仕方、工具や道具の使い方、住宅の梁の作り方や組み方など、多面的な作業指導を受けます。

この作業実習は、大工職に必要な学科教育と表裏一体です。どのような作業であっても理論的な裏づけがなければなりません。実習場における作業指導と教科指導員による教科指導とは相互関連の下に統一されています。幾何学、三角法、製図、構造計算などの理論的学習は、訓練センター施設内に設けられた教室を使用して行われます。使われている教科書は、統一大工職友愛会が編集した『カーペンタリー』という分厚い教科書です。

ＯＪＴについては、徒弟が配属される職場の職長の指導下で行われます。ＯＪＴは、作業実習場での各種の実習作業とは異なります。なぜならば、ＯＪＴとは徒弟訓練活動の重要な一環であり、労働、生産、販売などのビジネス活動ではないからです。徒弟にとって最も実際的な作業指導は、職長の指揮下で行われるＯＪＴです。全国徒弟制度法は、徒弟訓練の方法としてのＯＪＴに言及しています。これによれば、ＯＪＴとは「仕事に就きながらの監督下にある訓練（on-the job-supervised-training）」であると表しています。つまり、ＯＪＴは、徒弟訓練カリキュラムの中に明確に組み込まれている作業訓練であり、しかも、作業指導責任を負う職長の管理・監督下に位置づけられている訓練なのです。

このＯＪＴを労使合同徒弟制度委員会が統制しています。ＯＪＴを受ける徒弟に対して「徒弟プログレスレポート」の提出を要求しています。[7]「徒弟プログレスレポート」とは、徒弟訓練プログラムに従って、計画的に徒弟を仕事に従事させるために、どのような職務を経験させせてきたかを示した書類です。つまり、各々の徒弟が、いつ、どこで、誰の指導下で、どのような仕事に従事したかを示す書類です。「徒弟プログレスレポート」は一ヶ月を単位として整理されることになっており、その原本は徒弟が保管し、原本のコピーについては労使合同徒弟制度委員会に提出することになっています。

(7) 建設業の徒弟制度 ─その四─

熟練職種における他の徒弟制度と同様に、建設業の大工職人を育成するウィラメッテ大工職訓練センターの場合でも、徒弟契約を取り交わした当初の段階から、すべての徒弟はそれぞれの熟練職種の労働組合員となることになっています。職能別労働組合のメンバーに加わることによって、徒弟制度は、該当する熟練職種に従事するものに必要とされる関連知識を学ぶ教育機関として、該当する熟練職種の生産技能を次世代に伝授する訓練機関としての役割を担っています。同時に、徒弟制度は労働組合の持つ教育・訓練機能を担っているものです。だから、徒弟制度は、労働組合員としての立派な生き方を教え、労働者らしいものの見方やものの考え方を身につけさせ、職人らしい身の処し方などを教え込むための労働者教育（labor education）としての役割も持っています。

訓練センターと労働組合支部の事務所とが隣り合わせに作られていることを前述しました。同じポートランド市内にある電気工訓練センターの場合でも、同じ広い敷地のなかに国際電気工組合第四八八支部の建物が置かれています。筆者が訪問したときには、労働組合活動家を対象として、ロールプレイング（役割演技法）の形式をつかって、組合加入を勧めるための説得訓練を行っておりました。労働組合は政府からも政党からも独立した自治組織です。労働組合財政はすべて組合員が支払う組合費に依存しています。労働組合の活動家は、職場の一人ひとりの労働者を説得して、組合に加入してもらい、加入してもらったら組合費を徴収しなければなりません。このような地面を這うような地道な努力があってこそ、労働組合活動は成り立っているわけです。

アメリカの徒弟制度では、徒弟採用時からすべての徒弟は職能別労働組合の組合員となります。職能別労働組合が地域社会において確かな根を張っているアメリカ社会では、職能別労働組合の組合員になるということそれ自身が、働く青年にとってとても名誉のあることです。また、閉鎖的な労働市場ではありますが、労働市場の比較的上位を占める職人社会の仲間として、彼は認められるための入り口に立ったということも意味します。

すべての徒弟は労働組合員ですから、働けば当然のことながら賃金を受け取ることができます。基本給の性格は職種給です。どのような職種に就いているか。これによって賃金額が決まる仕組みが職種給です。賃金構成部分には訓練費も含まれていますが、実は正確にいえばこの訓練費は徒弟訓練費なので、徒弟に渡されることはありません。徒弟訓練費は、雇用者側が統一大工職友愛会の地域支部に支払う部分です。なぜならば、所長、事務職員、教科指導員及び作業指導員等に毎月支払う賃金、情報処理実習のためのソフト購入代、工具・道具、機械の購入費用、文具などの消耗品代、電気代や水道代など、伝統的な徒弟制度を維持するには何かと費用がかかるからです。

ウィラメッテ大工職訓練センターの所長は、統一大工職友愛会の地域支部の執行委員長経験者です。シートメタル訓練センター、電気工訓練センターなど、多くの訓練センターにおいても、訓練センターの所長はほとんどこの地域の職能別労働組合の出身者です。いずれの熟練職種にあっても、地域社会において功績を挙げ、名を成した職能別労働組合の指導的役割、つまり、労働組合執行委員長がその職を退いた後、訓練センター所長に就いているようです。

ウィラメッテ大工職訓練センターの玄関と応接間、所長室には、歴代の訓練センター所長の写真が飾られています。これらの写真に映し出された歴代の執行委員長の顔こそ、長い風雪に耐えて、自らの職種の経済価値と存在意義とを経済社会において主張し、地域の経済社会の必要に応えながら、徒弟制度を通じて熟練職人を創出してきたアメリカ職能別労働組合の歴史の一端を物語っています。歴代執行委員長の皺の一つひとつの中にアメリカ労働者階級の歴史が刻まれているといっても過言ではありません。

徒弟になれば、ジョン・スティーブも職能別労働組合の組合員になります。そして、父、祖父が歩んだ道と同じように、彼もまた大工を天職として生きていくことになるはずです。彼もまたアメリカ労働者階級の歴史を刻むメンバーのひとりになるのです。一つの職業を持って世俗社会で生きていくということは、同じ職業労働に従事する仲間たちと一緒にこの日常の生活を生きていくこと、何よりも仲間を大切にし、人間としての権利を戦いとっていくことを意味しています。

(8) アメリカ徒弟制度の問題点

さて、アメリカ徒弟制度にも、いくつかの問題点が潜んでいます。第一に、公民権法の影響もあって、徒弟の年齢層が次第に高まる傾向にあることです。高度に専門的な技能を修得するには、採用時の徒弟の年齢は一五歳か一六歳ぐらいが最適であるといわれています。なぜならば、基礎的な技能と呼ばれるものは、人間の長いライフサイクルのなかで最も感受性の高い年齢段階で身につける必要があるからです。一般に、若いときに基礎技能を修得しておくことが、職人としてのその後の能力の伸長を左右するといわれています。

第二に、徒弟制度における女性差別や人種差別が完全になくなっているとはいえないことです。ジョン・スティーブの場合、父親も祖父も大工でした。大工の家庭に生まれていればこそ、スティーブは幼い頃から父親の手伝いを行いました。スティーブは高校を卒業した段階で、既に相当に高い技能や判断力を身につけています。採用可能な徒弟数には限りがありますから、大工の家系に生まれた若者は、暗黙のうちに有利な立場にあるといえます。

第三に、建設技術の高度化に伴う高学歴化傾向が職人の地位を脅かしていることです。建設業界においても技術革新は急速に展開されています。一〇年前と比較してみると、新しい建材が使われるようになり、設計もCADシステムを使うようになりました。建設工法も変わっています。道具や工具も改良されています。このような建設技術の高度化に対応して、全米統一大工職友愛会は地域のコミュニティカレッジや四年制大学とも連携して、多種多様な向上訓練課程を設置しています。労働組合は四年制大学での学習を奨励していますが、四年制大学を修了すると、熟練職種労働者だった彼は大卒エンジニアになってしまいます。熟練職種労働者としてのアイデンティティが薄れ、大卒エンジニアとしてのアイデンティティを持つようになってしまうのです。

(9) おわりに

本節では、建設業におけるアメリカ徒弟制度の法的な枠組みや社会的制度、学科教育・関連する作業実習、ＯＪＴからなる教育・訓練の仕組み、職人を基準とする賃金などを紹介してみました。

先進国で超大国であるアメリカに徒弟制度がある。古めかしい言葉の響きを伴っている徒弟制度が工業先進国アメリカに根づいている。このことが日本の一般市民のみならず、社会科学を専門とする研究者さえをも驚かせているようです。

アメリカ全体の産業界で見れば、徒弟制度によって育成される熟練職種労働者数は半熟練工のおよそ一〇分の一程度です。大工職の職人は更にその一部でしかありません。だから、このような数字だけをとらえてみれば、「熟練職種労働者というのは特権的な労働貴族である」「彼ら労働貴族にアメリカ労働者が生きている姿を代表させることはできない」という研究者の主張は、それなりに当たっています。

しかし筆者は、そのような量的な諸事実だけに注目するつもりは毛頭ありません。なぜならば、筆者は、第一に、欧米であろうと日本であろうと、職能別労働組合こそが労働組合の原点であると考えているからです。職能別労働組合の行動原理は、熟練労働市場における熟練労働力の供給量を規制することです。いわば自分たちの日常的な努力を通じて、熟練労働市場を取り仕切ってしまおうというわけです。そして、労働市場の供給量を規制するために、職能別労働組合は伝統的な徒弟制度を頑強に保持し、熟練労働市場で実際に販売しえる職人を、いわば自前で養成しようと努力しているのです。

第二に、職能別労働組合主義は、義理と人情に厚い職人の集まりから発せられている精神にある、つまり、仲間を思い遣り、仲間を大事にする思想にあると思うからです。同じ職種に就いている仲間と寄り添い、助け合って労働し、職業社会を生きていく姿こそ、労働組合の原点であると思っているからです。この原点を忘れてしまった労働組合運動は不毛であると考えているからです。大工さんの労働組合の名称はUnited Brotherhoodではじまっています。「わが兄弟たちよ。私たちはみんな血を分けた兄弟だ」といっているのです。国際電気工も同じです。多くの労働組合は、この「わが兄弟よ」から始まるのです。

第三に、職能別労働組合という組織は、共産主義や社会主義とはまったく無縁の労働組合思想に立っているということです。その思想の起源をたどっていくならば、キリスト教にまでたどり着いてしまうはずです。本節でも述べたように、キリスト教に依拠したことが、労働市場における女性差別や人種差別を生み出し、また労働組合による差別的行動を「合理化」したことも事実です。しかし、アメリカのみならずＥＵ諸国でも、キリスト教思想をベースとする多数の労働組合運動が存在し、しっかりと経済社会に根をおろしています。

1　Apprenticeship and Training Division, What is Apprenticeship? http://egov.oregon.gov/BOLI/ATD/A_Aptrng.shtml.（アクセス、二〇〇六／〇九／二二）

2　一九世紀末葉から一九二〇年代に至る時期におけるアメリカ熟練工養成については、拙論「アメリカ企業内教育訓練・管理の史的構造―一九世紀末葉から一九二〇年代まで―」（明治大学『経営論集』、明治大学経営学研究所、一九八五年三月）を参照されたい。

3　アメリカ自動車会社の組立工場における熟練職種労働者の仕事の割り当てについては、拙論「アメリカ自動車産業における徒弟制度」（『労務理論学会年報第一五号モノづくりの危機は克服できるか―職業能力形成の現状と課題―』晃洋書房、二〇〇六年三月、）を参照されたい。

4　ウィラメッテ大工職訓練センター発行のパンフレットを引用している。このパンフレットの表題は“You can become a carpenter”である。

5　徒弟の応募資格を明示した資料については、ウィラメッテ大工職訓練センターで収集した。資料の表題は“Application ranked point system”である。応募資格の記述はすべてこの資料を参照している。

6　徒弟が履修すべき科目は、Industrial Occupations Department, PPC Graduation Checklist, 1999―2000を参照。これもウィラメッテ大工職訓練センターで収録した資料である。

7　“Apprentice Monthly Progress Record”と題する資料を参照。この資料もウィラメッテ大工職訓練センターで収集したものである。

コラム

統一大工職友愛会（united brotherhood for carpenters and joiners）

労働組合といいますと、誰もが trade union という言葉を想起するはずです。しかし、この労働組合では Brotherhood（義兄弟）という言葉が使われています。この Brotherhood とは、いわば「血を分けた我が兄弟たち」を意味します。ここで注意すべきは、兄弟といわれているのであって、姉妹といわれている訳ではないということです。この言葉の表現の中に見られるように、伝統的な職能別労働組合と徒弟制度は白人の男性だけを迎え入れて、女性を排除してきた訳です。今日の建設業の職場では、多くの女性が働いています。統一大工職友愛会は、建設業に関わる熟練職種の労働者（約52万人以上）を組織しています。大工、家具職人、機械据付工、パイルドライバー、屋根職人、足場職人、室内装飾工などが組合メンバーです。

ウィラメッテ大工職訓練センター

統一大工職友愛会は全米各地に職業訓練センターを建設し、自前で運営しています。なぜならば、大工職に関連する多くの熟練職種労働者は、連邦法と州法によって定められている徒弟制度によって養成されているからであり、徒弟制度の良し悪しが養成される熟練職種労働者の知識と技能の水準を決めてしまうからであり、そして、熟練職種労働者の知識と技能との水準を高めなければ、相対的に高い賃金を受け取ることができないからです。ウィラメッテ大工職訓練センターは、州都ではありませんがオレゴン州でもっとも人口の多いポートランド市の市街地に設置されています。職業訓練センターでは、校長、事務職員のほかに、徒弟の生活指導と教科教育に当たる指導員などが働いています。

第2節　イギリスの若者と新たなかたちの「徒弟制度」

目先の職にとりあえず就くことばかりにとらわれ、職を得ることだけにとどまる職業教育では、将来の豊かな職業人生への見通しは立たないでしょう。

かつて日本の義務教育は、平均的基礎学力と集団生活態度の養成に関して国際比較上、高度経済成長の時期までは相当に成功したとみられてきました。そのころは人手不足の時期でもあり、豊かな素養を持つ職業人としての教育が不十分であったにもかかわらず、そのことには目が向けられていなかったといえます。

本節で紹介するのは、現在、イギリスで推進されている新たなかたちの「徒弟制度」です。これは、バランスの取れた素養を身につけた職業人づくりを目標にし、また、国策として推進しているという点において、今日の日本の参考となるでしょう。

(1) 新たなかたちでの「徒弟制度」とその背景

イギリスでは、新たなかたちの「徒弟制度（Apprenticeships）」が現場実習を軸とする職業教育開発として一九九四年から国策として推進されています。その中核となる対象者は、義務教育年限（六歳から一六歳まで）後の若い人たちです。二〇〇七年九月現在、二五万人強が「徒弟制度」に参加しています。

「徒弟制度」といっても、師匠や親方に弟子として入門し「習うより、慣れろ」という昔ながらの鍛え方が今も続いているわけではありません。この古めかしい「徒弟制度」という名称を敢えて前面に出す国策が始まったのは一九九四年からですが、伝統的な「徒弟制度」と区別するために「現代徒弟制度（Modern Apprenticeships）」という名称で呼んでいました。

その後、何度かの制度改変を経て、二〇〇四年九月以降「現代」を公式にはつけず単に「徒弟制度」と呼ぶようになっています。現在、国策として推進されているのは、事業所での現場実習と、基礎学力定着さらには職務上の理論的学習を基本的に組み込んだ取り組みです。

ところで、イギリスの伝統的な徒弟制度は、いつごろまで効果的に存在していたのでしょうか。世界に誇るような芸能・芸術の分野では、現代まで高度な専門家養成として存続しつづけてきました。しかし、ごく一般の人が就くような職種では、だいぶ前から立ち後れてしまっていたのです。伝統的な徒弟制度は、古い慣習や経験至上主義にとらわれて技術革新に立ち後れ、先端技術から従来型の産業に至るまで、熟練技能が不足していたことは否定しようもありません。産業革命が始まった国であるといっても、実は国際競争の観点から熟練技能不足が一〇〇年以上も昔の一八六〇年代から、すでに指摘されていたのです。一八八〇年代には、その問題の解決を目指して職業資格が開発され、その授与も相当にされてきましたが、熟練技能不足の解決という目的の追求は今日まで続いています。

たしかに、英国病といわれ経済不振となった一九七〇年代頃までは、『ハマータウンの野郎ども』[1]（学校文化に反抗的な労働者階級の少年たち（野郎ども）の生活や社会をフィールド・ワークにより記述。）で書かれているように、学校で習った知識や職業資格など不問で縁故により就職できるという状況が労働者階級の間でよくあることでした。また一九七〇年当時は福祉国家のもと、手厚い失業保険に頼って、職にも就かずに生活する若者も少なくありませんでした。その有り余る時間を活用して演奏やファッションを磨くことで、ロックスターを目指す者もいました。もちろん、成功して世界にはばたけた者たちは、ごく限られていたことは言うまでもありませんが。

労働者階級男性が好んで就いてきたようなブルーカラー労働は、産業構造の変化により、ますます少なくなってきています。また、一九七九年からのサッチャー保守党政権以降、一貫して自助努力の支援を重視する政策を推進してきました。

したがって、この頃から、縁故に頼った就職や、失業保険頼りで生活することは難しくなりました。けれども、サッチャー政権下の自助努力に対する支援策が、直接的には若者の職業的自立やキャリア形成において効果的であったとはいえませんでした。しかし、効果的な対策の芽がこの頃のイギリスにもありました。つまり、この時期に、「デイ・リリース」（day release, 特定曜日に通学）および「ブロック・リリース」（block release, 週・月単位で現場実習の間に通学期間を設定）といった、学校教育との組み合わせによる職業能力開発が行われていたのです。

当初、その通学の部分に対して与えられる資格群については、評価判定の対象が座学での知識に偏りがちとなり、現場で求められる技能・知識とかみ合っていたとは言い難いものでした。しかし、一九八六年からは、熟練技能を持つ人を養成するための基盤として、国策として職業資格制度の改革が始まりました。その核となるのが、実務上の力量をそのまま評価判定するＮＶＱの職業資格の開発・導入です。日本の制度に敢えて対応させれば、ＮＶＱ水準２は中卒後一年間の専修学校における学習で達することが求められる水準で、ＮＶＱ水準３は高校の職業専門学科卒業時に身につけるべき職業実務の力量水準といえます。

以上のような基盤整備の上、「徒弟制度」により現場実習と理論的学習が行われ、さらに基礎学力の定着のための能力開発を組み合わせて職業人を養成していく取り組みが改革され、若者を職業人として活性化することが、国策となったのです。

この新たなかたちでの「徒弟制度」が推進される背景には、若者のキャリア志向や企業の採用条件の変化などがありますが、若者に技能（Skills, スキル）を求める企業側の事情がありす。企業が採用において技術や技能を重視する傾向が今日のイギリスでもあります。

現在、「若者の新卒採用をしない」企業が約三〇％あり、理由として経験や技能不足を指摘しています。雇用主の七〇％は新卒の若者の採用を「している（三六％）」、あるいは「考えたい（三四％）」と回答しているのですが、新卒の採用を考えていない企業は三〇％に上ります。新卒を採用しない理由は、「法、規制、保険制度が厳格（二六％）」「経験不足（二〇％）」、「訓練の必要性、技能不足（三一％）」ということで、約三〇％の企業が、若者の「職業経験や能力不足」をあげ、新卒採用に慎重になっている様子がうかがえます。[2] またイングランドでは、企業からの求人のおよそ二〇％は応募者の技能不足が原因で採用に至らないとされています。[3]

このような状況で、二七％の企業が、「徒弟制度を通じて得た資格が採用において最も価値ある資格である」としています。それは、中等普通教育の修了に相当する水準の資格であるGCSE（二六％）やAレベル（八％）そして学士号（五％）よりも重要視するということです。そして、企業側は、「よきチームプレーヤーであることや聞く力」や「考える力」と並んで、「道具や装置が使え、技能を持っていること」に価値を置いています。[4]

また、たしかに資格が就職に不可欠な職種は、イギリスではそれほど多くはなく、現状でもドイツやフランスほどの資格社会ではないのですが、すでに一九九七年には政府自身がすべての国民が何らかの資格を得るのが望ましく、それを国策として推進するとの方針が打ち出されています。

(2)「徒弟制度」での学習内容

イギリスにおける現行の「徒弟制度」は、二〇〇八年九月現在八〇もの業界において二〇〇職種を超えて実施中です。旧来型徒弟制度による人材養成の典型であった男性中心のブルーカラー職場（建設、機械、運輸等）ばかりでなく、事務や美容など、女性比率がもともと大きい分野も含まれています。さらに販売、旅館・飲食、旅行・余暇、福祉、メディア・出版といった分野に加え、農業（園芸を含む）といった従来資格制度の整備が進んでこなかった職域でも、「徒弟制度」プログラムが設定されています。

現在、国策として推進している「徒弟制度」は、基本的に、単に目先の職務に必要な技能が身につけばよいということではありません。単に実践できるだけでなく、基礎学力も備えていることを求めます。義務教育中に基礎学力を十分身につけることができなかった場合には、そこを学び直すことになります。さらに必要に応じて集団生活のスキルを併せて身につけることで、バランスがとれた力量を培って職業的なキャリアとなるよう成長を促す方式となっています。基本的には次の三種類の資格を取得する方式となっています。以下に各資格取得に際して身につけるべきことは何かについて、それぞれ示します。なお、ドイツやフランスとは異なり、訓練生となるための予備課程（通常一年間）といったものは特に設けていません。

①　ＮＶＱ

「徒弟制度」の核となるのは、実務上の力量の養成です。そこで、まさに実習での力量をそのまま評価判定対象とする職業資格であるＮＶＱの取得が当然求められます。

②　キー・スキル

キー・スキルには、六つの分野があります。うち三つは、職業の前提となる基礎学力であり、英語（ウェールズでは、ウェールズ語でも可）による「意思疎通（Communication)」、数的な処理能力である「数の応用（Application of Number)」、およびエンド・ユーザーにとってのコンピュータ活用能力である「情報技術（ＩＴ）」です。残り三つが「人格的な技能(personal skills)」であり、「学習と実施に関する向上(Improving Own Learning and

Performance)」、「他者との共同作業（Working with Others)」、および「問題解決（Problem Solving)」となっています。各「徒弟制度」の職種に応じて取得が必要なキー・スキルの分野と種類を定めています。

③　技術証書

二〇〇二年以降「技術証書（Technical Certificates)」という新たな資格種別が付け加えられました。ＮＶＱが、実際の仕事ができるかどうかを実技そのもので評価判定するのに対し、「技術証書」は、職業実務に関する知識と理解を評価判定の対象としています。「技術証書」は、ＮＶＱ導入後も存続してきたシティ・アンド・ギルズ資格（City and Guilds Qualifications）やＢＴＥＣ資格といった、職業に関する知識を評価判定する資格群を手直しした上で、制度上、改めて位置づけています。この「技術証書」の取得が、現行の「徒弟制度」で多くの場合必要になっています。つまり、「徒弟制度」訓練生たちのほとんどが訓練開始前には就労経験に乏しいことから、単にＮＶＱ取得を目指すだけでは実務を裏打ちするほどの職業知識を身につけられないということが問題となりました。この問題を解決するため、「技術証書」を付け加えることになったのです。現在、教育方法として、インタラクティブ（双方向的）なコンピュータ教材を使うことも進んでいます。ただし、ＮＶＱのみ取得した者でも、すでに一定の実務経験を有する現職者は業務に対応できる場合が多く、また就職が急がれる失業中の成人の場合、ＮＶＱだけで「技術証書」を持たないことがやむを得ない場合もあるとしています。

以上を整理して示すと、図二―一になります。このように、できる限り幅広く素養を身につけてもらおうとしているのです。

これら資格群は、「徒弟制度」期間中（四二ケ月間（三年半）まで公的助成対象）に逐次累積していきます。学年末等にまとめて試験をするといった方式ではありません。「徒弟制度」期間中に、以上の各資格群をそれぞれで一歩ずつ積み上げていく方式です。そうすることで、一発勝負による過度の緊張を避けることも意図して制度設計をしています。また、一六歳までにすでに必要とされる水準に達している資格（特にキー・スキル）については改めて取得する必要がありません。

ただ、基礎学力や理論的知識はたしかに重視されているものの、必ずしもＮＶＱと同等とされる到達度水準まで求められるわけではありません。「徒弟制度」の水準表示は、ＮＶＱに合わせてあります。そのため、キー・スキルがＮＶＱよりも一段階下位で可とする場合が多

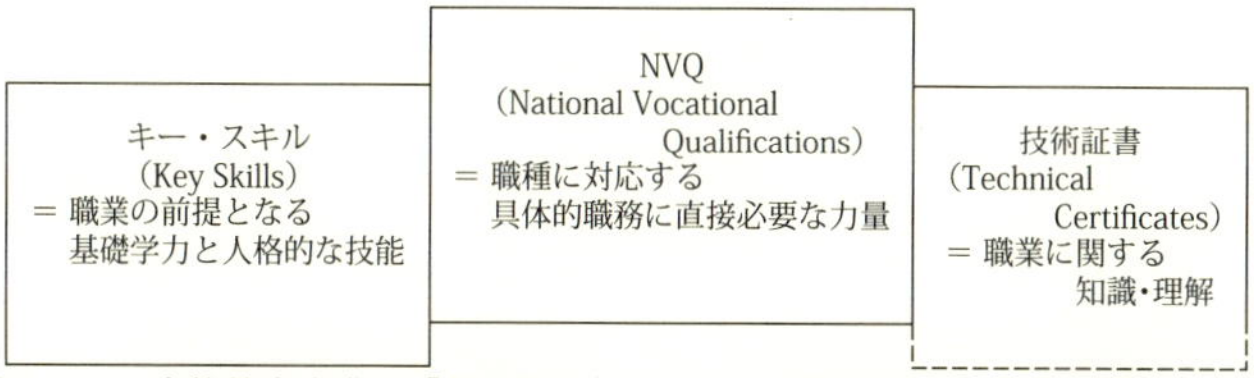

図２－１　中等教育水準の「徒弟制度」において取得が求められる３種類の資格群

（2002年９月以降）

くあります。例えば、水準3の「徒弟制度」（「上級徒弟制度」と取り出して称する場合もある）で求められるキー・スキルが、水準2で可となる場合などです。それに水準2の「徒弟制度」では、「技術証書」の取得が必ずしも求められていない職種も少数ながらあります。したがって、図二－一のようにNVQが少々上にずれている概念図を示したほうがよいのです。

以上の各学習内容は、現場実習先と近隣の継続教育カレッジ（further education colleges）とで役割分担をする場合と訓練施設内ですべてまかなうことができる場合がそれぞれ存在します。継続教育カレッジとは、技術カレッジなど技術者教育機関の伝統を引き継ぐ学校教育機関です。それは、日本において高校の総合制や専門学科そして専修（専門）学校が担うような教育を統合的に提供するものです。また普通教育が中心となるパブリック・スクールやグラマー・スクールとともに、イギリスの中等教育段階を支えるもう一つの大きな担い手です。

(3)「徒弟制度」の実際 －ブリティッシュ・ガスの事例－

ブリティッシュ・ガスでは、顧客サービスのエキスパートであるサービス・エンジニアの不足が深刻でした。それは、普段決して目立たない職種ですが、社会を支える大事な仕事です。快適で便利な生活を支えるガス機器ですが、一歩間違えれば命にかかわる事故が発生します。

単に技術者としてガスに詳しいだけではなく顧客サービスがきちんとできる人材の重要性が高まったのです。そこでは当然、コミュニケーション能力の養成が求められるのです。[5]

ブリティッシュ・ガスは、会社独自の「エンジニアリング・アカデミー」を設立しています。それは、元々新入社員の教育のために設けられましたが、社内の一八歳以上の大人を再教育しスキルアップをはかるための組織にもなってきています。さらに、「エンジニアリング・アカデミー」は、三つの継続教育カレッジと連携して、職場実習を含む徒弟制度に基づく教育訓練を提供するという新たな方向にも開放しています。

では、そのサービス・エンジニアの徒弟制度の訓練生であるジェニー（Jenny）の話を具体例にしましょう。ジェニーは、すでに二回失業を経験しています。その理由は彼女自身に全く責任のないものでした。その苦い経験を踏まえ、ジェニーは安定して勤め続けることができる職業能力を身につけることを望んでいます。ブリティッシュ・ガスの徒弟制度プログラムは、彼女が子どもの頃から機械や電気について興味があり、かつしっかりとした長期的訓練が受けられるので、まさにその希望にぴったり当てはまるものです。カレッジなど施設内での勉強に加え、さらに現場実習を通じてサービス・エンジニアとなるための職業教育をしています。ジェニー自身もこの分野に女性がもっと参入してくることを望んでいます。[6]

このアカデミーで訓練を受けた者が最終的にブリティッシュ・ガスに入社するとは限らず、

他社に勤めることもあります。ですから、企業がこうした教育に参加するということは産業全体への莫大な投資活動ともいえ、会社が雇用するエンジニアを対象にしたスキル向上だけを目的としない社会的な貢献活動といえます。しかし、長い目で見れば、ガス業界全体の長期的な技能不足、つまり、エンジニア不足をいずれは解消させる一助となるので、それはブリティッシュ・ガスにとっても喜ばしいことになるのです。このように、社会的な職業教育制度に企業が参画し、自社内外の若者の教育として企業内教育を社会的にオープンにするという活動は、単に個別企業やその業界のためだけでなく、社会全体の技能不足や人材不足の解消および技術向上に資する取り組みになります。また、訓練を施した企業自体がその若者を雇わない場合でも、より多くの若者にキャリア形成の機会をもたらし、より雇用されやすく、社会的に仕事を通じて活動的になる可能性を高めることになるという意味があります。

一方、ブリティッシュ・ガスにとっても、訓練修了者の中から正社員とする者を選別するのに、「徒弟制度」に協力することは会社にとって都合がよい方式といえます。

なお、ブリティッシュ・ガスに限らず、「徒弟制度」の訓練生は、基本的に授業料等は取られず、逆に手当が支払われます。その額は、業種や受け入れ先等によってさまざまですが、基本的に正社員よりは低めです。

(4)　徒弟制度型教育訓練機会の政策的な推進と拡がり

従来開始時二五歳までとされていた「徒弟制度」の年齢制限も、二〇〇四年から開始された建設・機械整備・介護等での試行を踏まえて、二〇〇七年九月から撤廃されることになりました。また、次の各取り組みも、推進されてきました（イングランド・ウェールズと北アイルランドが対象、スコットランドは自治権のもとやや異なる制度）。

一四歳から一六歳を対象としては、「若年徒弟制度（Young Apprenticeship）」を二〇〇四年から設定しています。それは、義務教育期間内での学習意欲を、職業教育を通じて向上していこうとする取り組みです。週一回程度本籍校を離れて、専門的職業教育に対応できる継続教育カレッジ等で学ぶ方式です。その年齢段階の若者が、学校で学ぶことに将来の生活とのつながりを感じないまま目標と意欲を持てず日々を過ごしがちなことは、イギリスでもずっと懸案でした。「若年徒弟制度」では初級段階の職業資格取得を目指す場合が多いのですが、それはまさに学びの目標となるものです。ただし、「若年徒弟制度」は、あくまでもきっかけづくりの取り組みであって、決して早い時期での進路選択を強いるものではありません。

さらに、大学水準の教育へ十分に耐えられるだけの水準まで達した訓練生には、「学位取得徒弟制度（Graduate Apprenticeship）」が設定されています。これによって学士や修士を取得する道も開かれています。かつて「学位取得徒弟制度」も国策として推進されてきましたが、その枠組みの中からはすでに離れています。とはいえ、訓練生からみれば、授業料を自弁することなく企業費用で学ぶこともできうる機会です。また、国の政策とは基本的には別に、さらに高度な水準の職業能力の形成に至る徒弟制度型の人材養成制度を、企業ごとに設定している場合もあります。

なお、イギリスの資格制度の全体像については、後の第3章第5節でも触れることにします。

(5) 「徒弟制度」の課題

現場実習を軸とする職業訓練が、徒弟制度という名のもと、ようやく一定の質で提供できるようになったといえます。たしかに何度も制度変更があったことからもわかるように、国策としての出だしは少々つまずき気味であったと言わざるを得ません。教育専門新聞として著名な『タイムズ教育版（Times Educational Supplement）』などでも厳しく問題点を指摘されました。とはいえ、当時政府系監察機関であった成人学習監察局（ＡＬＩ）も、「徒弟制度」の現場実践の質が向上していると報告しています。その監察と改善指導により監察評定点も、「不適」が二〇〇一—二〇〇二年度で三八パーセントにも達していた状況が、二〇〇四—二〇〇五年度には一二パーセントまで減り、同一事業所の評定も相当に向上していると報告しています。[7]

ただ、依然として次のような課題があります。まず訓練生の引き受け手の問題です。多くの事業所では、公的助成金があってはじめて訓練生の受け入れが可能となっています。優良企業が提供する機会には、かなりの事前選別があります。さらに現場実習に就けない訓練生も存在します。というのは、地域の訓練施設での「徒弟制度」訓練生になっても、企業など実際の事業所での受け入れ先がないまま、施設内実習のみとなる場合もあるからです。

そして、決定的には就職先の確保がやはり問題です。「徒弟制度」は入職のための制度ですが、あくまでも期限つきの訓練のための契約です。正社員としての就職とは区分されます。たしかに、かつての徒弟制度では公然とあった縁故条件や性別等による差別的な参入制限は、あってはならないことになりました。しかしそのため、若い人たちの人気を集めるような職種の「徒弟制度」の機会は、就職の受け皿になるか、ならないかにあまり関係なく設定されがちでした。希望者を社会の労働力需要よりも多く訓練生として受け入れることで、当該職種で訓練を受けた者の就職が結果的に困難になっていました。「徒弟制度」期間終了時の就職状況は、現場実習と同一の事業所で継続雇用されたケースを含め、同じ職種に就職できたことが確認できたのは四割から五割程度です。[8] こうした状況を受け、二〇〇七年七月には職業訓練の機会を労働市場の採用の受け皿事情に合わせて設定していくという中央政府の政策方針が打ち出されましたが、その目的の一つにこのような量的なミスマッチを回避するということがあります。

以上のように、イギリスの新たな「徒弟制度」の課題はまだまだ山積ですが、なんとか軌道に乗りつつあるとはいえます。ただし、「徒弟制度」という名のもとで、現場実習を軸とする職業能力開発が国策として導入されてからまだ十数年です。この新たなかたちでの「徒弟制度」で職業能力開発を経験した人たちが、その後どのようにキャリアを形成しているかを検証していくことで、この新たな「徒弟制度」の意義や効果を本当に確認できるといえるでしょう。

1 邦訳 ポール・E. ウィリス著、熊沢誠・山田潤訳『ハマータウンの野郎ども』、筑摩書房、一九九六年.
2 LSC, Success Report 2004 Key findings, p. 5.
3 LSC, LSC announces 2006 Apprenticeship Awards finalist, 15 May 2006.
4 LSC, Success Report 2004 Key findings, p. 11.
5 LSC, Success Report 2004 Key findings, p. 11.
6 "Apprentice technical engineer-Jenny's story." ブリティッシュ・ガス・サービス社の採用ホームページ (http://

www.britishgasacademy.co.uk/）から、エンジニア採用（engineering recruitment）、徒弟制（Apprenticeships）と順次クリックしていけば、英語での全文が読め、またビデオでの動画と肉声を聴くことができます（二〇〇八年九月九日現在）。

7　David Sherlock, Final Annual Report of the Chief Inspector, 2005-06（Coventry: Adult Learning Inspectorate, 2006）, [9].

8　二〇〇一年時点での数値です（Alison Fuller and Lorna Unwin, "Creating a 'Modern Apprenticeship: A Critique of the UK's Multi-Sector, Social Inclusion Approach," Journal of Education and Work 16, no. 1（2003）: 17-18）。その後状況が好転したといった報告は、出てきていません。

第3節　フランスの若者と職業教育・訓練

欧米各国では共通して、失業問題とくに若者の失業や不安定雇用（派遣や有期）への対応策に追われています。慢性的な失業問題に悩むフランスで、新採用契約（ＣＰＥ）によって、新卒の若者に対する解雇自由の原則を打ち立てて若者の雇用を促進しようと企てましたが、雇用の権利を剥奪すると考える学生、労働者の大規模な抗議行動の前に撤回を余儀なくされたことは記憶に新しいものです。

若者の雇用に係わる運動の背景には、二〇年以上にわたる雇用支援の流れがあることを指摘しておきましょう。資格社会であるフランスでは、職業免状の有無によって新卒者の就業に大きな影響がでます。そのため、職業免状を取得せずに離学する青年層（一六〜二五歳）を中心に、企業と訓練施設が連携する有給の交互制訓練を実施するなど、さまざまな施策を通じて若者の自立を図ってきたのです。

若者の失業や職業への移行問題に対して、労働権に根ざした雇用保障と教育訓練を、より発展させて解決を図ろうとするフランスの営為を見逃すことはできません。そこには、日本では考えられないほど学校と職業が密接に関連した仕組みが構築されています。以下に、その仕組みと実情を紹介しましょう。

(1) 職業資格と密接な技術・職業教育

フランスの学校教育では、その体系の各段階に対応する職業資格・免状が用意されており、それがこれまで教育と雇用を繋ぐ重要な役割を果たしてきたという特徴が指摘できます。そこで、まずフランス学校体系における技術・職業教育の位置と役割を一瞥しておきましょう。いわゆる複線型（分岐制）をとるフランスの学校において、図二―二に示しているように、四年制の中学校（コレージュ）の上に、基本的には二年制職業高校（職業課程）と三年制高校（普通・技術課程、特別課程）とが分かれて設置されています。どちらの高校にも工業系・商業系などの専門諸コースが用意されていますが、前者は熟練職（水準Ｖ）に、後者の三年制コースはテクニシャン・中間職（水準Ⅳ）にそれぞれ導く専攻を設けています。さらに高等教育のレベルでは、上級テクニシャン（水準Ⅲ）養成コースが設けられています。このようにフランスは、学校タイプの職業教育がよく発達した典型的な国の一つといえます。

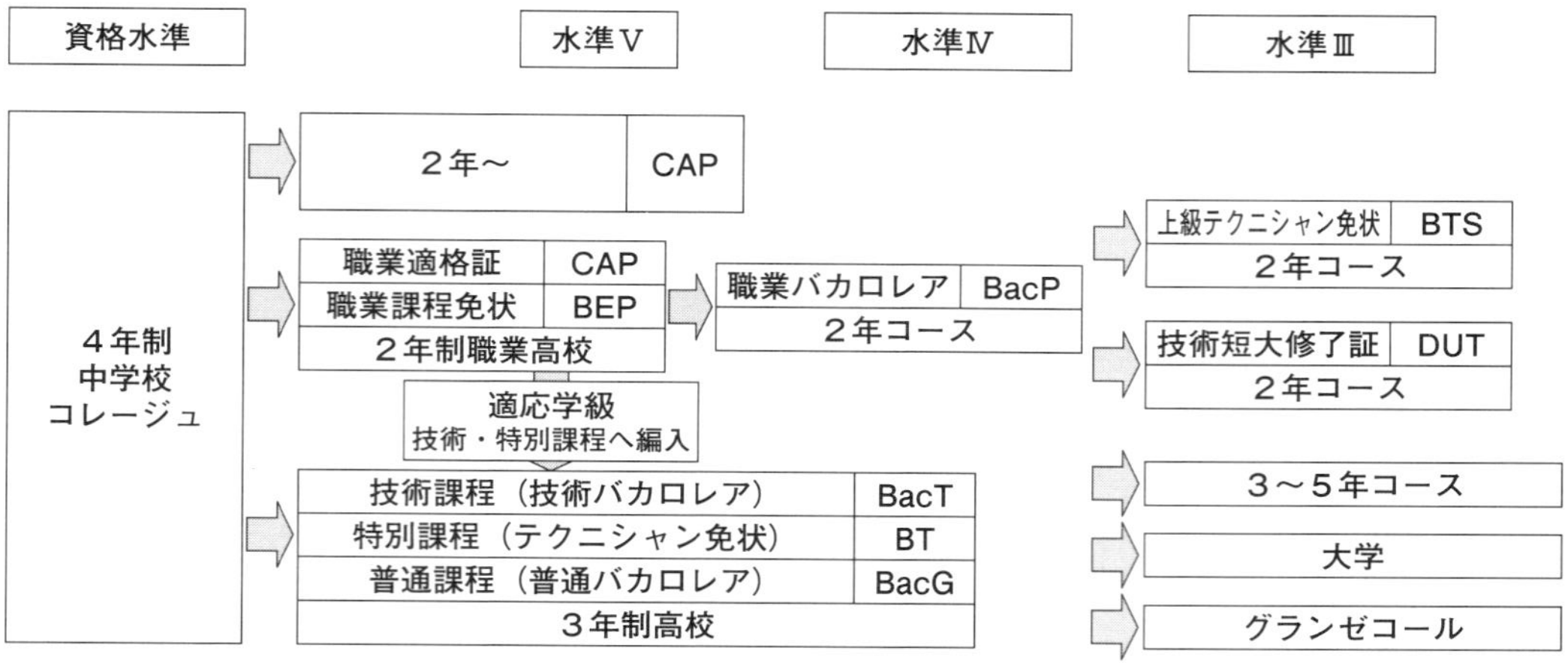

注：3－5年コース、大学、グランゼコールがめざす資格水準はⅡ～Ⅰです

図2－2　フランスの複線型（分岐制）学校における技術・職業教育

フランスの高校には入学試験がありません。中学校の進路指導（つまり本人の成績と希望）によって生徒は振り分けられます。高校へ進まない場合、後で紹介する交互制訓練の一つである見習訓練を受けて熟練労働者になる道もあります。高校進学の場合には、生徒はいくつかのコースに分かれます。第一のコースは、普通・技術バカロレア（ＢａｃＧ、ＢａｃＴ）およびテクニシャン免状（ＢＴ）を準備する三年制高校のコースであり、第二のコースは、職業適格証（ＣＡＰ）あるいは職業課程免状（ＢＥＰ）への準備を目的とする二年制職業高校のコースとなっています。前者のコースを修了すると大学入学資格（バカロレア）を取得できますが、後者のコースを修了しただけではバカロレアを得られません。このような進学上の袋小路を是正するために、職業課程から技術・特別課程に「橋渡し」をする機能を持つ「適応学級」が、第二学年に設置・拡充されています。この措置とは別に、一九八〇年代半ばの高校改革によって、短期の職業課程修了生を対象とする二年制の職業バカロレア（ＢａｃＰ）準備コースが開設され、職業高校生に対する進路の袋小路が大幅に緩和されるとともに、その教育のレベルアップが図られたことは注目に値します。

日本と比べて複雑なフランスの教育システムの背景には、広範な職業資格システム、すなわち資格社会があります。技術・職業教育を通じて得られる職業免状に関して、それは就職の際に職種とそれに対応する賃金を保証する条件となりうると多くの労働協約や法令で定められています。職業資格といっても、それは公共の福祉等の観点から就業・営業制限を設ける日本の場合とは異なり、広く熟練・技術・専門職に就くための条件であり、労使官代表からなる業種別協議委員会（ＣＰＣ）がそれら新設・改廃などに関与しています。それから、資格試験の出題が狭く専門知識・技能に限られる日本に対して、フランスでは普通教科を含む各科専攻の知識・技能が審査されることも特筆すべき特色でしょう。

職業免状は職業の種類ごとに設定されています。その職種数は、フランス国民教育省の『技術教育要覧』（二〇〇三年）等によると表二―一に示すとおりです。

近年、二年制の職業課程（ＣＡＰ、ＢＥＰ）の専攻数が大きく減少しているのに対して、同じ課程の上級にある職業バカロレア（ＢａｃＰ）及び上級テクニシャン免状（ＢＴ）の種類は増加傾向にあり、また、より高い水準の免状取得者数が増加して、全般的に資格を得るまでの教育歴が上昇しています（表二―二参照）。

表２－１　職業資格に設定されている職種数

水準　Ⅲ	上級テクニシャン免状	ＢＴＳ	109職種（2000年）
水準　Ⅳ	職業バカロレア	ＢａｃＰ	61職種
	技術バカロレア	ＢａｃＴ	19職種
	テクニシャン免状	ＢＴ	18職種（1999年）
水準　Ⅴ	職業適格証	ＣＡＰ	237職種
	職業課程免状	ＢＥＰ	38職種

表２－２　教育水準別免状取得者数（単位　千人）

西暦	水準Ⅴ			水準Ⅳ					水準Ⅲ		
	CAP	BEP	小計	BT	BacT	BacP	BacG	小計	BTS	DUT	小計
1980	235	79	314	4.5	63	－	160	228	17	19	36
1990	279*	162	441	8.3*	116	25	247	392	53	28	81
2000	227*	209	436	2.0*	153	93	271	519	96	47	143
2004	148*	191	329	2.0*	143	94	261	500	109	47	156

備考：ＢａｃＧ（普通科）を除いてすべて職業教育の免状であり、ＢＥＰ取得者には関連専攻のＣＡＰを併せて取得する者が含まれる。水準Ⅴは中学校（コレージュ）卒２年制、水準Ⅳは中学校卒３年制、水準Ⅲは高校卒２年制である。ただし、ＢａｃＰはＢＥＰ取得後２年制。

＊印：ＣＡＰ補充科（１年）、ＢＴ技芸科を含む。ＤＵＴは技術短大修了証。

出典：フランス国民教育省『教育統計要覧』2006年版、229、235頁

(2) 多様なコースや専攻を提供する職業高校と技術高校

資格社会に根ざしたフランスの中等教育機関、その中でとくに工業系のキャリア形成を目指す職業高校と技術高校の実例を紹介しましょう。その一つは、パリ北郊外のサンドニ市にある職業師範パリ北校附属リセ（以下、パリ北附属高校）です。もう一つは、パリ西郊外のプトー市にあるアゴラ科学・技術リセ（以下、アゴラ高校）です。

① パリ北附属高校

このパリ北附属高校は、一九四五年に設けられた国立職業師範学校（全国で五校）に附属した職業高校であり、現在では二年制の職業課程の他に三年制の普通・技術課程を併せ持っています。普通・技術高校と異なり、フランスの職業高校では、生徒数二〇〇名～四九九名の小規模な学校が大半（六六％、'03）を占めていますが、このパリ北附属高校は生徒数七〇〇名（教員七八名）を擁する大規模な学校となっています。その中心的なコースである職業課程をみると、専門の各専攻は、多様な職種・仕事に応じてかなり細分化されています。これに対して、技術課程は、わが国の専門高校と同じく、工業の専門分野・知識に応じた区分となっているといえます。

表２－３　パリ北附属高校の職業課程、技術・普通課程

職　業　課　程
職業適格証（ＣＡＰ）準備：電気設備 職業課程免状（ＢＥＰ）準備（各１クラス） 　４専攻：電子職、電気工事、ボイラー工、金属・硝子・複合材建築 職業バカロレア（ＢａｃＰ）準備（各１クラス） 　４専攻：金属・アルミ・硝子、電気設備、電子オーディオ保全、ボイラー工・金工
技　術　課　程
技術バカロレア（ＢａｃＴ）準備（１年次３クラス、２年次から各１クラス） 　工業科３専攻：機械工学（選択、金工）、電子工学、電気工学（適応学級を含む）
普　通　課　程・その他
普通バカロレア（ＢａｃＧ）準備（１クラス）：科学科１系列（エンジニア学） ＢＥＰ電気工事適応学級（１年制）、ＢＥＰアルミ加工・補充、電子オーディオ保全（適応学級） 職業バカロレア（ＢａｃＰ）・オーディオ設備・補充コース

備考：電気関係の各専攻修了生に予定される職務は、以下のように説明されている。

① ＣＡＰ「電気設備」：個人用または団体用建物の内外で電気設備の施工と保全を個人または班で行う。その技術範囲は、照明、取り付け、操作、修理、設備部品の接合、通信装置、警報、安全装置である。

② ＢＥＰ「電気工事」：熟練職のレベルにおいて、電気設備の製作、稼働、保全を行う。専門知識と技量は、配電、電力利用、設備・取り付け、強電、システム操作、安全、ホーム・インテリジェント・システム網である。

③ 職業バカロレア「電気設備」：複雑な設備の取り付け、制御、保全に関する事前検査、材料や人員に係わる規準・規則適用の担当。建築（住居、工場）におけるこのテクニシャンは、設備の取り付けを担当するチーム内職務に従事する。電気工事では、小規模な検査と材料自動加工操作を担当できる。個人宅では、システム保全・管理を保証できる。

中学校を出て、職業高校に進んだ生徒の声を聞いてみましょう。国立教育・職業情報局（ONISEP）の手引き『すぐに職業を！』（二〇〇三年）に紹介された生徒の感想をあげます。エネルギー設備科のヴァンサン君は、「BEPコースに入ってから、普通科目の成績がよくなっています。援助してくれる先生にも恵まれていますし、先生は、困難を抱えた生徒に気をつかって、説明の時間を十分に取ってくれます。お陰で、僕は少し勉強にやる気が出ています。実習にはたくさんのやるべき課題があるけど、僕の好きなのは、配管、電気の配線、熱計器やラジエーターの調整です」と意欲的です。電気工事科のジャン・シャルル君は、「ここの修学リズムはだいぶ緩やかで、日常生活のニーズに合った授業です。将来の間口は結構広くなっています。進学するつもりはないけど、僕の関心が変わるかもしれませんね」と、コースの魅力を述べています。

職業バカロレアコースの例では、自動機械システム保全科のルードヴィック君は、「今、電動ドアの組み立てと機械修理に取り組んでいます。工業クリーニング企業の三週間実習から帰ってきたばかりで、予防的な保全やジャッキの注油、ボイラーの水質検査に従事していました。結構面白かったですよ。」と語っています。

② アゴラ高校

アゴラ高校は、一九二二年設立の商工実務学校にその起源を持つ伝統ある学校です。現在

表２－４　アゴラ高校の普通・技術課程及びポスト・バカロレアコース

普通・技術課程
科学科２系列：エンジニア学、生命・地学 工業科３専攻：機械工学、電気工学、電子工学
ポスト・バカロレア（ＢＴＳ）コース
５専攻：工業生産論、生産学、電気学、工業メンテナンス、工業情報学
継続教育コース（社会人向け、ＧＲＥＴＡ）
ＢＴＳコース（交互制工業メンテナンス、電気学）、ポストＢＴＳコース

備考：ポスト・バカロレア教育は、バカロレア取得後の短期高等教育（２年制）である。

は、工業科中心のいわゆる「総合制高校」となっています。三年制の場合、生徒数九〇〇名を超える高校が五五％（二〇〇三年）を占めることから、生徒数七五〇名（教員九〇名）を数えるアゴラ高校は、比較的小振りな高校といえるでしょう。この高校は、ポスト・バカロレア教育及び継続教育を重視しています。社会人を対象とする継続教育のために、著名な国立工芸院（ＣＮＡＭ）から聴講生三〇〇名、また、国立遠隔教育センター（ＣＮＥＤ）から聴講生（五五名）や研修生（五〇名）を受け入れて、近隣への地域的な貢献を行っています。

アゴラ高校の修学について、そこに在籍する生徒の声を通じて紹介しましょう。まず、ポスト・バカロレア（ＢＴＳ）「生産学」専攻二年生のカリーヌさんとクリストフ君の感想です。この専攻で紅一点のカリーヌさんは、生産学に満足しているようです。ポスト・バカロレア教育で重視されている企業内実習について、彼女は六月と七月に同じ企業で体験した感想を次のように話しています。「もし、企業がみんなこと同じなら、すばらしいことだわ。」「中学校四年になって、技術コースへ行きたくなったの。だから、ここで機械工学のバカロレアをとりましたけど、生産学はその延長なんです。この教科の勉強が気に入っています。だって、高校で技術教科を学ぶので、家でガリ勉する必要がありませんもの。」

生徒には、個人的に実習契約を結ぶ機会が与えられています。工業科のバカロレアを取得したクリストフ君が気に入っているのは、機械を操作すること、「責任を負う」ことです。企業内実習については、受け入れ先を見つけるのにかなり苦労したようで、パリから遠く離れた家族が住むリモージュまで出向いています。「旋盤を使ったり、機械加工で部品をつくったりして、多くの要領をつかむことができました。」ＢＴＳ取得のあとに兵役そして職探しとなりますが、「また、交互制訓練を受けるなんてことにはならないでしょう。だって、生産学は幅が広いから。」と述べています。就職難が暗い影を落としています。

上述の企業内実習を受けるコースの他に、交互制（アルテルナンス）のコースがあります。ＢＴＳ「工業メンテナンス」二年生のアルノー君は、一週間を企業に、もう一週間を学校に当てるという交互制に在籍しています。この形式を選んだ理由を次のように語っています。「企業を見つけるのが難しくて、いまは「新米」として夜間に働いています。カリキュラムは同じですけど、実習は企業で行っています。」彼はＢＥＰ「電気工事」を出たあと、ここの適応学級（図二―二参照）を経て、工業科（電気工学）バカロレアを取得し、ＢＴＳ「工業メンテナンス」に在籍しています。「僕は、電気設備の企業で働いています。そこでは屋外電気設備について、メンテナンス用工具を使うことができます。故障のときには、それを検査して保全できなければなりませんからね。」この仕事を続けるかどうかについて、現在は思案中だといいます。

当校実習主任のロンジョ氏は、ＢＴＳメンテナンスが交互制にうまく適応していると述べています。「訓練の初めから企業は興味の持てる仕事を、とくに技術バカロレアないし職業バカロレアを取得しているならばその学生に委ねています。反対に「工業情報学」専攻の交互制では、企業は魅力ある仕事を提供していません。学生のレベルが低く、企業で直ちには役立たないからです」。「一年次末の五月、六月に実施される企業内実習は、しばしばコネで見つけられます。教員が実習先企業を訪問し、実習生は教員に従って実習レポートを作成し、それを皆の前で発表することになります。」

学校では、ＢＴＳ後の受け入れ企業に関する一覧表を掲示しており、その修了生は、農産、化学、自動車、製鉄、繊維、輸送のあらゆる企業から求められているといいます。

(3) カリキュラム編成と技術・職業教育の特色

技術・職業教育のカリキュラム編成は職業免状の全国的基準に規定されており、その一部（選択科目、個別支援等）を除いて、内容上の自由裁量が各学校にあまりありません。しかし、教育方法や運営の面では、校長、教員、父母、生徒などと協議して決めるシステムが機能しています。

日本と異なり、検定教科書を使用しなければならないという拘束がないのもフランス専門高校の特色です。従ってカリキュラムをどう具体的に編成し、どう教えるかは、担当教員に委ねられているわけですが、最終的には、バカロレア・免状試験に生徒が合格できるために適切な指導が求められます。しかも、適当な専門学科教科書が少なく、それだけに教員の指導力量が問われることになります。ちなみに二〇〇四年のバカロレア合格率は、全体で七九・七％（普通八二・五％、技術七六・九％、職業七六・九％）となっており、近年、上昇傾向にあります。

ここで、わが国の専門高校と比較してみましょう。日本の職業教育は単純です。すべて三年制に統一されており、職業資格に直結するコースが少なく、また継続的な学習のできる専攻科を設置する学校も極めて限られています。すなわち、各種職業の専門性に即したカリキュラムが、一部を除いてほとんど編成されていないのが日本の実情です。他方、フランスでは多種多様な職業に応じてたくさんの専攻・選択が一つの学校の中に用意されています。しかも、専門科目の時間数は普通科目を含む総時間数の約半分で、職業教育に必ずしも偏っているわけではありません。

若者の社会的移行の長期化、高学歴化そして雇用不安が強まる日仏両国に共通する社会の変化にあって、フランスは公的な職業教育が就職ばかりでなく進学にも適応しうる一つの姿を示しています。両国制度の違いを勘案するにしても、学校タイプの職業教育を展開するフランスは、日本が考慮すべき公教育モデルの役割をなお失っていないようです。

(4) 交互制訓練の展開

交互制訓練とは、学校その他の教育機関で行われる教育と、企業等で行われる実地訓練を組み合わせた訓練形態のことです。両者の教育・訓練が文字どおり交互に行われます。広い意味では、通常の学校で比較的短期間で行われる企業実習も含まれますが、ここではもっと長期間に行われるものに限定して、現状と今後の展開をみてみましょう。

交互制訓練の典型は、見習訓練です。見習訓練とは、ひとくちに言えば、企業における実地訓練と教育機関における理論教授を組み合わせた教育・訓練により、職業資格の取得を目的とする制度です。このようなタイプの訓練はドイツのデュアルシステムが有名ですが、教育機関での教育と企業での実地訓練の組合せという点では、見習訓練と類似しています。

見習訓練を受けている訓練生数は、二〇〇六年現在四一万人です。多くは、職業高校を経て取得する職業適格証や職業教育修了証をめざしていますが、近年はそれだけでなく、上位の資格（高等教育の進学資格の得られる職業バカロレアなど）や高等教育レベルの資格をめざす人も、この訓練を受けるようになっています。専攻領域別の在学者数を、職業高校のそれと比較してみると、以下のような特徴を指摘できます。①工業系が全体の三分の二を占めている（職業高校は半数以下）、②農業・食品の在籍者が多い反面、一般機械・精密機械や電気・電子等の工業系の在籍者は少ない、③商業系では理美容・エステの在籍者が多い反面、会計・管理、秘書・事務の在籍者は少ない、などです。全般的に、大企業向けの就職につながる専攻領域に関しては在籍者が少なく、中小企業向けの専攻領域で多い傾向がみられます。

訓練は訓練契約に基づいて行われます。訓練契約は労働契約の一種であり、教育訓練を受けるというやや特殊な立場ですが、通常の従業員と同様の利益を享受する権利をもっています。見習訓練の対象者は義務教育修了年齢の一六歳から二六歳までの青年です。基本的にすべての企業が訓練生を雇用することができますが、雇用主が、県に所定の届け出をしていることが条件となります。雇用主には訓練生を見習訓練生養成センター（ＣＦＡ）に登録することを、また訓練生にはセンターで教育を受けることが、それぞれ義務づけられています。センターは、企業と提携したＮＰＯや手工業会議所など多様な機関が設置していますが、その運営は国や地方公共団体の監督・視察を受けて行われます。センターで行われる教育時間はどのコースを選ぶかによって異なり、ＣＡＰとＢＥＰの各取得コースが年間平均四〇〇時間以上、職業バカロレアや上級テクニシャン免状の各取得コースが二年間で一五〇〇時間以上と定められています。

かつて、ＣＡＰは職業高校を通じて取得する人が多かったのですが、高校改革や生徒の進路選択の変化等によりそのような人は一九八〇年代後半から大幅に減ったため、現在では見習訓練を通じて取得する人の方が多くなっています。見習訓練の場合には、実習の多くを企業で行うために、実習施設や設備を学校に設ける必要がなくなり、学校を設置し管理する行政機関にとってメリットは大きくなります。また、企業での訓練時間が多いため、訓練内容に企業の意向を反映させやすいこと、その結果企業の求める人材を育成しやすいこと、見習訓練修了者の方が職業高校卒業者よりも就職率が多少よいことなどを理由に、政府は見習訓練の振興を重視しています。そのため、今後とも見習訓練の受講者は増加することが予想されます。しかし、見習訓練が資格取得のメインルートになることに問題はないのか、職業高校を弱体化させることにつながるのではないか、と懸念する意見もみられます。

第4節　ドイツの若者の職業的自立

ドイツはマイスター制度に象徴される資格社会として多くの人に認識されているでしょう。その認識に違わずドイツでは、ほとんどすべての職業に就くために資格取得が必須となっています。このような社会で若者たちがどのように仕事に必要な能力を身につける学習を進めるのかを紹介しましょう。その主たる方法は、デュアルシステムによります。お手軽な通信教育だけで取得する資格とは、かなり性格の異なる資格取得方法に驚かれるでしょう。資格社会は他方で、資格を取得できなかった人たちに厳しい社会ともいえます。ドイツでは、この点にどのように対処しているのか、その対処方法も紹介します。資格を取得できなかったことを本人の責任として放置せずに、そういった不利益な若者に対する社会的な支援策が日本の若者に対する支援策として参考になるでしょう。

Ⅰ．デュアルシステム

(1) 義務教育年限終了後の若者たちの進路

ドイツの義務就学年限は通常一〇年です。日本の小学校にあたる基礎学校四年終了後、一〇歳前後の子どもたちは、基幹学校、実科学校、ギムナジウムという三種類の中等学校のどれかに進学します。基幹学校は主として義務教育終了後直ちに職業生活にむけて訓練を受ける者が進み、実科学校はホワイトカラーの中級レベルの職務に従事する希望を持つ者が進学します。大学進学希望者は、ギムナジウムに入ります。その割合はほぼ三人に一人で、最近はギムナジウム進学希望者が増えているのが特徴です。

ドイツは高度の資格社会であるため、ほとんどすべての職業に就くためには、その職業に必要な熟練資格を得ることが通例となっています。大学進学も、ある意味では医師や法律家など、高等教育を必要とする専門職の資格を取るための職業訓練と考えられます。この資格を取るためには職種ごとに定められた職業訓練を受けなければなりません。

そこで、基幹学校の卒業生（および未修了者－義務年限在籍したものの修了に必要な基準に達しなかった者。彼らの問題は、本節のⅡ（一六四ページ）で触れる。）のほとんどと、実科学校修了者の多くは、職業に就く前に職業訓練を受けます。この職業訓練は、大別してデュアルシステムと、職業専門学校などの全日制学校で行われます。現在、デュアルシステムで訓練を受ける者が約四分の三、学校型の訓練が約四分の一です。量的にはデュアルシステムが圧倒的に多いのですが、さまざまな理由から近年、学校型職業訓練が増加しています。

(2) デュアルシステムでの訓練

さて、ここではある若者の生活を通してデュアルシステムでの訓練の内容を見ていきます。仮にフリッツとしておきましょう。フリッツは基幹学校を一五歳で修了し、デュアルシステムで訓練を受けています。彼は学校を卒業する前に、進学せずに就職することを決め、就職に必要な資格を取るための訓練を受けることを決めました。彼は機械工になろうと思い、地域の職業安定所で相談しながら、機械工の訓練生を募集している企業を探しました。幸い近くの機械工場で訓練生を募集していたので応募しました。二名の募集に対し六名の応募者がありましたが、その工場では伯父さんが働いていたこともあり、運良く訓練生に採用されました。

クラスメートで最も人気のある職種は、男子では自動車整備工、塗装工、小売り店員、電気設備工、コック、女子では事務員、小売り店員、理容・美容師です。中には希望する職種の訓練生に採用されず、希望を別の職種に変えたり、あきらめてアルバイト的な仕事をする友達もいます。

幸い訓練生になれたフリッツは、会社と訓練契約を結びます。日本ではこの時点で雇用契約が結ばれて社員となりますが、ドイツではあくまで訓練契約です。雇用関係に入り、社員になるわけではありません。訓練契約では、職業教育法に基づき、訓練期間、訓練中の手当、休暇等が定められます。訓練期間は職種によって違いますが、機械工は三年半です。訓練中フリッツは、給料ではありませんが、月に約八万円ほどの手当をもらいます。この額も職種や地域によって異なりますが、同じ地域や職種であれば、訓練を受けている企業の規模や業績によって大きな違いが出ることはありません。これは、地域・産業ごとに使用者団体と労働組合が取り決めをして決めるからです。

さてフリッツは、週に二日近くの職業学校に通います。その日は工場には行きません。でも、一八歳以上の先輩の訓練生は授業が早く終わる日は工場に戻って仕事をします。最近は週単位でまとめて職業学校に行くブロック形式での授業も増えています。この形式だと、職業学校に行っている間は終日学校にいます。このように、定時制の学校に通いながら、同時に並行して事業所で訓練を受けるので、ドイツの職業訓練を、学校と職場の二つの場所で訓練を受けるデュアルシステムまたは二元的システムというのです。

職業学校では一日六時間程度の授業があり三年間学びます。授業は週にドイツ語、政治、経済、体育などの一般科目、宗教が六時間程度、そして訓練を受けている職種に関する職業専門科目が六~八時間あります。一般科目の内容は、州の学習指導要領によって、職業専門科目は連邦の職種ごとの訓練基準によって定められています。授業料はもちろんいりません。

訓練の重点は職場です。訓練生を採用できる事業所は、訓練ができるだけの物的人的な基準を満たしていなければなりません。フリッツは職場で訓練指導員の資格を持った指導員(多くはマイスター)の指導を受けます。指導員は仕事の傍ら、フリッツを簡単な仕事から徐々に難しい課題を与えながら、機械工としての訓練を行います。機械工として、どのような技能や仕事ができなければならないかは、連邦が作る訓練基準に定められています。したがって、事業所や指導員が違えば訓練の内容が異なるということはありません。現場でも一定の共通カリキュラムに沿った訓練が行われます。フリッツは二年目、三年目になるにつれて多くの課題がこなせるようになり、訓練の時間よりは実際の作業に加わることが多くなりました。

訓練基準に定めてある技能の修得がその事業所でできない場合は(例えば機械や設備がない、指導できる人がいないなど)地域に設けられた実習用の作業所に出向いて訓練を受けます。

こうして三年半にわたって訓練を受けてきたフリッツは、訓練を受けた工場が属している地域の商工会議所で修了試験を受けます。試験は、該当職種の労使で構成される試験委員会による口頭試問と実技で、フリッツは実技では機械部品の製作が課題として課されました。期間は一週間です。フリッツは修了試験に合格して機械工としての熟練資格を取り、晴れて専門労働者と呼ばれる熟練労働者となれました。この試験の合格率は平均八五％ぐらいです。そして、三年半にわたる訓練契約は終わることになります。

(3) デュアルシステムと就職

さて訓練を終え機械工の熟練資格も取ったフリッツは、次に就職を考えなければなりません。フリッツが訓練を受けた機械製作の会社は、彼が訓練を終えた時期には採用がなかったので、その会社には就職できませんでした。近年就職状況はますます厳しくなってきています。デュアルシステムでの訓練を終えて、直ちに訓練を受けた企業に就職できる訓練修了者は半数前後です。ただ、ドイツの場合は日本と違い、企業が四月一日付けで一斉に新人を採用するというような採用慣行もなく、必要となった時期に必要な資格を持った人を、必要な人数だけ採用するので、訓練終了直後に就職できなくても、その後の就職に不利になるという状況にはありません。

現に、訓練終了後二年後の状況を調べた結果では、約四分の三が就職しています。フリッツも、一年間は就職できませんでしたが、その後、熟練機械工を募集していた他の機械工場に就職できました。このように、デュアルシステムでの職業訓練と就職は、概念上区分されていることを理解することが重要です。

この点をわかりやすくするために、日本の制度と比べてみましょう。日本でも、デンソーやトヨタなどの自動車メーカー、日立や三菱などの重機メーカーなどが社内に養成校を持ち、中卒者や高卒者を数年がかりで訓練するシステムを持っています。一見するとドイツのシステムと似ているようですが、最大の違いは日本の訓練生は養成校への入学時点でその会社の社員（労働者）として採用されることです。一般の社員と比べると、多少の違いはあるでしょうが、基本的には給料をもらう社員であり、その企業にとって必要な知識技能の修得に力点が置かれます。訓練に係る経費は全部企業持ちです。

これに対し、すでにみたように、デュアルシステムでの訓練生は、訓練を受ける企業の社員（労働者）ではなく、訓練生という身分を持つ独自の存在です。ですから、訓練は個別企業で行われますが、その内容の大綱は連邦が定める訓練基準に規制されているので、個別企業の要求に直接応じたものとはなっていません。ですから、デュアルシステムは企業内教育というよりは、職業教育法の適用を受ける一種の公的な教育といったほうが適切でしょう。

その背景には、職業資格制度があります。ドイツでは基本的な職業にはすべて職業資格があり、その資格を持たずにその職務に従事することはきわめて困難であると同時に、給料や雇用の安定度、各種社会保障、社会的評価等で大きな不利を被る社会システムとなっています。後述の不利益青年の困難は、こうした社会システムに由来するところが大きいのです。

デュアルシステムが、個別企業の必要に直接応じた訓練として組織されていない理由はこうした職業資格社会が背景にあるからです。職業資格社会では、基本的にどの企業に属するかよりは、どのような職業資格を持つのかが重要な関心事となります。もちろん、企業によって待遇の差がないわけではないし、英米などと比べて比較的長期間同一企業に勤める傾向がありますが、労働者の、企業からの独立性の高さが、この職業資格制度に由来するところが大きいのも事実です。

日本でも最近若い人を中心に、資格に対する関心が高まってきていますが、資格取得には専門学校の学費など高額の費用が必要です。また、せっかく取得した資格も、職業資格制度が雇用・労働条件の中に根付いていないわが国では、十分な雇用保障や独立開業に役立つものとは言い難い状況にあります。デュアルシステムは、ドイツの若者に無償どころか、手当を受け取りながら職業資格を取らせるシステムであり、若者の自立支援策として手厚い制度なのです。

さて、デュアルシステムを経て熟練資格を取った若者は、その後数年間職場で実務を経験した後、試験を受けてマイスターの資格を得るキャリアを歩むのが一般的です。工業と手工業では熟練労働者のキャリアは異なります。手工業職種では、独立開業や徒弟訓練を行うためにはマイスター資格を必要とする職種も多く、その社会的威信は高いのです。一方、工業分野では、手工業ほどマイスターの位置づけは明確ではありませんが、熟練労働者の多くは、その技能の向上と威信の獲得のためにマイスター資格を目指します。

(4) デュアルシステムの課題

このデュアルシステムは、中世のギルド制に由来する長い伝統を持っていますが、職業教育法という法的な裏づけを持って制度化されたのはここ四〇年ほどのことです。現在、経済の国際化や産業構造の変化など、発足当初と比べこの制度を取り巻く環境は大きく変化しています。

まず、デュアルシステムの中心である企業での訓練は、その経費はほとんど企業が負担するのですが、世界的規模での競争激化の中で、企業財政の合理化が迫られ、多額の経費がかかる訓練の負担から逃れようと、多くの企業がデュアルシステムから撤退し始めているという問題があります。その結果、企業の訓練生の募集数が減り、訓練希望者が訓練を受ける場が不足する事態が深刻化していることです。とりわけ、デュアルシステムの中心的な部分の製造業での訓練の場が不足しています。

次に産業構造の変化に伴う問題です。もともとデュアルシステムは、手工業の徒弟養成システムから発展してきたことからもわかるように、モノづくりの後継者養成を主としてきました。しかし、近年サービス業、なかでも福祉・医療・教育などの対人サービス業の就業人口が増加してきています。実はこの分野の後継者養成では、デュアルシステムが十分発展しておらず、職業専門学校などの全日制の学校での養成が主流です。この分野では女子が多かったせいもあり、デュアルシステムと別の発展をしてきました。

しかし、今後の産業構造の発展を考慮すると、この分野の職業訓練と、従来のデュアルシステムの整合性を図ることが大きな課題となっています。二〇〇五年三月に成立した改正職業教育法はこの点を考慮し、従来軽視されてきた全日制学校による職業訓練をより積極的に位置づける内容となっています。

また、デュアルシステム自体においても、これまでの技巧的な熟練作業、材料や加工についての経験知に加え、問題解決能力や社会的コミュニケーション能力が要求されるようになり、またたえざる技術の進歩に対応できる理論的基礎が必要になってきている点から、熟練資格取得後の継続訓練の重要性が指摘され始めています。こうした課題に対応するためには、より系統的な理論教育が必要で、この点でも現場での訓練重視のデュアルシステムと、学校型の職業訓練の接近が必要とされています。

さらに、デュアルシステムを支えてきたマイスター制度についても、ＥＵの労働市場政策などの関係で二〇〇三年に多くの職種で、独立開業にマイスター資格が不要とされる改革が行われ、マイスター制度は大きな転機を迎えています。これらの事情から、デュアルシステムも新たな展開を迎える段階に至っているといえます。

Ⅱ．デュアルシステムに乗ることのできなかった若者

(1) 不利益青年のこと

デュアルシステムに受け入れられない若者がいます。基礎学校（小学校）未修了者、基幹学校など中等学校の中退者あるいは基幹学校を修了していても、職業訓練の場を見つけることのできなかった者、あるいは若年失業者です。これらの若者は、不利益青年（benachteiligte Jugendliche）と呼ばれています。

児童・青年援助法は、この不利益青年の援助を自治体が行うことを定めています。その援助

の課題は、職業訓練及び労働世界と社会への統合です。また、職業訓練法もこれら不利益者に対する職業訓練促進を定めています。そのための機会に、生産学校（Produktionschule)、青年作業所、職業学校の職業訓練準備コースなどがあります。これらは、国や自治体が設立しない場合、公益有限会社、財団法人により運営され、それに州政府、連邦政府、市町村から補助金が出る仕組みになっています。ときには、欧州連合（ＥＵ）から補助金が出ます。その不利益青年に対する援助の仕組みを、カッセル市を参考にして紹介します。

(2) まず、相談と助言が行われる

彼らが、職業訓練の場を探す場合に、国の労働局―職業安定所を訪ね、相談します。その結果、デュアルシステムの訓練の場を見つけることができれば問題はありません。見つけることができない若者やデュアルシステムの脱落者には、先に述べた民間の施設が紹介されます。この若者の中には、基幹学校未修了や希望職業が決まらなかったり、薬物依存などで職業訓練にまだ適さないと判断される若者がいます。その場合には、社会教育的な援助が必要と判断されて、青少年局に回されます。

市町村の青少年局（Jugendamt）の青年職業援助課には職業安定所から回された若者や、安

定所に行くことなく直接訪問する若者がやってきます。そこでは、大学で社会教育に関する学部、専攻を修了した専門的な担当者が、相談・助言に応じます。カッセル市の場合は、国の職業安定所の相談に青少年局の担当者が同席することで、青少年局に回す手間を省いています。青少年局に相談に行かないですませてしまう若者がいないようにする意味もあります。

相談員は、若者の職業希望、学校での学習程度（基幹学校修了か、未修了か）あるいは職業訓練や職業訓練準備教育の経験、その他の生活経験を聞き、若者に合う施設に行くように進めます。未成年（一八歳未満）の場合は、親にも同伴してもらい、親の了承を得ます。

(3) 職業訓練が始まる

トルコ人女性のAさんは、美容師になるためにデュアルシステムの職業訓練の場を探しましたが、成績が悪かったため訓練を受けられる場所は遠隔地にしかありませんでした。親が、そこまで行って訓練を受けることを反対したので職業安定所に相談に行くと、職業訓練のための公益有限会社ヤフカに行くように勧められました。

ヤフカの職業訓練分野は、金属加工、塗装、家具製造、家政ですが、Aさんは家政に配属されました。彼女は不満でしたが、なにしろ資格を取らないと認められないため、三年間ここで職業訓練を受けて家政の資格を取り、それから美容師の道を考えようとしています。

ロシア系ドイツ人のＢさんは、すでにドイツ在住一一年になります。基幹学校を修了した後、職業訓練の場を見つけることができなくて、職業安定所からヤフカに行くことを進められ、ヤフカで塗装の訓練を受けています。その資格を取り、将来はマイスターになりたいと思っています。

ドイツ人のＣさんは、基幹学校未修了でした。彼は、失業者になっていたのですが、職業安定所からインターンシップに入るように勧められ、自動車整備会社でインターンシップを受けました。その後、生産学校に入りました。生産学校には、家政、金属加工、木工、リサイクル・エレクトロニクスのコースがあり、Ｃさんは金属加工コースに入り、補習授業で基幹学校修了資格を取りました。四年目になり、訓練期間を終了して資格試験を受ける予定。資格を取り、会社に就職することを希望しています。

ドイツ人のＤさんは、失業しましたと、職業安定局に手紙を書いたところ、生産学校で職業訓練を受けるように勧められ、リサイクル部門に入りました。リサイクル部門は、カッセル市と協定を結び、廃棄電気製品を回収してリサイクルを行っています。Ｄさんは、トラックの運転免許を持っているため、回収のためのトラックの運転手もしています。まだ、来てから日が浅いのと、リサイクル部門で取れる資格はいくつかあるので、どの資格を取るかは決めかねています。

アフリカ人を父に、ドイツ人を母に持つEさんは、基幹学校に途中から行かなくなりました。思い直して、基幹学校を修了したいと思い、職業安定所を訪ねたら、生産学校を勧められました。そして、生産学校に入り、リサイクル部門で、職業訓練準備教育を受けています。基幹学校修了資格を取るための補習授業を受けながら、一年間の職業訓練準備教育を修了した後、資格に結びつくCさんが所属していたような職業訓練コースに入ることを希望しています。

(4) 生産学校と作業所

ここで紹介した若者たちは、ヤフカか生産学校を勧められて、職業訓練を受けています。ヤフカと生産学校では、性格が違うことが分かると思います。

ヤフカは、基幹学校修了者で職業訓練の場を見つけることのできなかった青年が主な対象になっています。定員は六〇名で、労働局からの紹介が八〇%、カッセル市から二〇%になります。ヤフカでは、受講者に訓練手当が支給されます。授業料は無料です。ヤフカがデュアルシステムの実習の場とされ、受講者は職業学校にも通うわけです。

労働局から紹介されてくる人は受入数よりも多く、ヤフカで面接による選考をして、労働局に報告します。すると、労働局では、他の民間施設からの報告とを勘案して訓練の受講を決めます。ヤフカはなるべく受け入れやすい若者を選びますが、青少年局からも紹介されて来るので、読み書き能力が十分でない若者、精神的に不安定な若者もいます。そのため、社会科やドイツ語の授業、生活相談・カウンセリングも行っています。

ヤフカの受講者は基幹学校修了者が多いのに比べ、生産学校は未修了者が多くなっています。そのため生産学校では、一年間の職業訓練準備コースとインターンシップコース、それに本格的な職業訓練に分かれます。定員は六〇名です。職業訓練準備コースと職業訓練コースの訓練分野、指導員は同じです。職業訓練準備コースではお小遣いが、職業訓練コースでは職業訓練手当が出て、授業料は無料です。職業訓練コースは、ヤフカと同じようにデュアルシステムの実習の場になります。受講者は職業学校に通います。

生産学校は、デンマークの生産学校から学んで一九八〇年代はじめからドイツでも作られるようになりました。二〇〇三年時点で、デンマーク九七、オーストリア二、ドイツには一九の生産学校があります。デンマークには、一九八五年に制定された生産学校法（デンマーク生産学校に関する教育法）がありますが、ドイツにはありません。

二〇〇五年から、政府の行政改革により職業訓練への斡旋の仕方が変わりました。国の施設である職業安定局と市町村の社会局とが公益団体をつくります。それにジョブ・センターを委任します。このジョブ・センターがU25（二五歳未満という意味）という部門をつくり、不利益青年はここを訪ねることになりました。ただ、カッセル市は、青少年局でも従来どおり、相談と斡旋をしています。

第3章

若者のキャリア形成に求められる社会的基盤

序説

世の中で自立した人として扱われるのは、特定の職業に就いて、自分の職業能力で自らの生計を立てている人です。それは、経済的に自立していると言い換えることができます。経済的に自立すると、それまで経済的なよりどころであった両親から、精神的にも自立していきます。両親とは異なる考え方を持ち、また、他の人とも異なる考え方を持つようになります。こうして、心理的にも精神的にも自立できるようになるのです。

従事する職業が、その職業にふさわしい立ち居や振る舞い、身振り、素振り、考え方や生き方を作りだします。顔の表情や仕草、言葉のちょっとした言いまわしに至るまで、それぞれの人間が従事する職業によって異なってきます。大工さんが大工さんらしい顔になり、警察官が警察官らしい顔になり、そして、学校の先生がいかにも学校の先生らしい顔になるのはそのためです。

ところが、今日の経済社会では若者が正規雇用の仕事に就くことは容易ではありません。以前の日本企業は、職業能力のない若者を正規雇用し、企業の中で育てていました。それが日本の競争力を高めていた特徴でもありました。そのため学校も、特定の職業能力を付与する教育ではなく、一般的な能力を高める教育を指向していました。しかし今日の日本企業は、企業の中ではごく一部の正規雇用した社員のみを教育するだけで、非正規雇用の社員の教育に労力をさこうとはしていません。学校教育も相変わらず、一般的な能力を中心とした教育に偏重しています。つまり現代の日本社会は、若者が職業能力を身につける仕組みが脆弱なのです。そして、職業能力を身につけられない責任を若者自身に負わせているのです。

本章では、このような状況の中で若者がどのような状況に置かれているのかを紹介し、先進諸外国が共通して有する職業能力を育成するための基本的な考え方のいくつかを紹介することで、現代日本の若年者の雇用問題に対する処方の一端を示します。

第１節は正規雇用労働者数が縮小し非正規雇用労働者数が急激に増大している状況と、職業能力を身につけることがどのような意味を持っているのかを紹介します。第２節では日本の学校教育が職業能力を形成する場となっていない背景にある、日本の未発達な教育観・学習観について紹介します。第３節と第４節ではその結果、学校教育の出口＝職業の入口で、若者が困惑している様子を紹介します。そして最後に、先進諸外国の例から職業能力を育てる基本的な仕組みとしての職業資格のとらえ方を紹介します。

第1節　社会経済システムと若者像

現代日本の若者が経済的・精神的に自立しようとするとき、経済社会には大きな障害物が立ちはだかっています。それは、二〇年前には誰も想像がつかなかったほどの高い職業能力を労働者に要求していることです。そのため、職業能力を身につけていない若者が正規雇用に就く入口で、立ち止まらざるをえない状況が生まれているのです。第一は、技術が高度に発展しているために、仕事の内容が高度で複雑になっていることです。公務員の職場であろうと、企業の職場であろうと、今日ではＭＥ化やＯＡ化が進んでいます。事務職場に行っても、会計情報システムが導入されています。会計処理のシステムが分かっているだけでなく、実際に入力作業ができないと、若者は職場に受け入れてもらえません。自動車販売会社の営業所でも、自動車の発注作業は、卓上のパソコンを通じてなされています。営業所から発注された情報は、本社の情報ネットワークに組み込まれています。端末のパソコンを操作することができないと、やはり就業することはできません。新卒採用枠の労働者であっても、入職当時からワープロソフトのワードやエクセルの基本操作ができて当り前です。

第二は、経済・経営のグローバル化が急速な勢いで広がっていることです。あらゆる産業において国境を越えてビジネスが展開される時代です。特に極東に位置する小さな島国である日本は全世界の国々とビジネスでつながっています。総合商社で働くビジネスマンが、オーストラリアに農民を説得するために出向くこともあります。なぜならば、日本に輸入して販売する農産物を育ててもらうためです。工作機械メーカーの熟練工は、自ら製作した工作機械の据え付け作業のために、諸外国に出向いていきます。いったん納品した工作機械の具合が悪いという連絡が顧客からあれば、早速、飛行機に乗って修理に出て行かなければなりません。全員のパスポートを会社が保管しているという時代になりました。

一般に、世界中で使われている共通の言語は英語（米語）です。英語が共通言語になっているのは、強大な軍事力とドルによる世界支配が行われているからです。商社マンにとっても、工作機械メーカーの熟練工にとっても、たとえブロークン・イングリッシュであろうと、ビジネスで外国に出かければ英語で交渉しなければなりません。工作機械メーカーに勤務する熟練工であれば、販売した工作機械の故障の原因、修理作業の内容、部品交換の必要性などについて、英語を駆使して説明できなければなりません。工作機械メーカーの営業所に勤務する場合には、関係する代理店経営者に最新の工作機械の改善点について英語で説明できるだけではなく、取引先企業にビジネスレターを書くこと、販売契約書を作成することもできなければなりません。

これらの職業能力は、以前は企業に就職してから身につけていましたが、今日の企業はこれらの能力を有している人材を採用する傾向が強くなっています。本節では、こうした状況を紹介し、若者が職業能力を身につけるということはどういうことか、本来、どのような仕組みで身につけるべきなのかを紹介します。

(1) 労務管理と非正規雇用の拡大

一般に、日本的経営の三つの柱とは終身雇用慣行、年功賃金制、企業別労働組合と呼ばれています。日本的経営が適用される範囲というのは、大企業の、本社採用の、正規雇用の、男性の労働者だけでありました。中小企業の、現場採用の、非正規雇用の、女性労働者は適用除外となりますから、従来の日本的経営が非正規雇用を活用していたことは、紛れのない事実です。臨時工、社外工、期間工、短時間（パート）労働者、アルバイトなど、非正規雇用の労働者が、景気変動を受け止めるショックアブソーバの役割を担わされていました。

非正規雇用労働者が急速に増大しはじめたのは、一九八〇年代初頭でありました。その主要な理由は、民間大企業がＭＥ及びＯＡ関連機器を大量に導入したことに伴う人件費総額の抑制策です。人件費抑制のための人事労務管理の大きな変更です。ＭＥ及びＯＡ関連機器を導入するためには、莫大な購入費用がかかってしまいます。各々の企業が設備投資にかかったコストをできるだけ早く回収するには、できるだけ人件費総額を抑える必要があります。しかも、この場合に重要なことは、メーカー相互間の量産競争に伴って、ＭＥ及びＯＡ関連機器の販売価格が急速に低下したことです。

　高額だった産業ロボットの販売価格が正規雇用労働者の年収額にまで低落したときが、民間企業にとって正規雇用労働者を産業用ロボットに切り替えるチャンスであり、非正規雇用労働者の採用枠を一気に拡大するチャンスでした。「もっと賃金をよこせ」「労働環境が悪いから改善しろ」「デートがあるから残業はいやだ」などという、苦情を一切いわない産業用ロボットは、雇用者にとって大変に使い勝手のよい「新種の労働者」であったわけです。

　一九八〇年代以後、民間企業の労務管理も大きく変わりました。例えば、ＭＥ機器を導入した企業では、熟練労働者が数値制御プログラムを組んで入力し、ＮＣ旋盤を起動します。工作機械にワークを取り付けて、製品を取り出し、プラスチック製の箱につめる作業は、短時間（パート）労働者の仕事になりました。また、ＯＡ機器が導入されると、月例で行っていた給与計算などは外注化されました。外注先企業では、短時間（パート）労働者、派遣労働者、アルバイトを雇って、給与計算業務を担当させるようになりました。

民間企業の労務管理にとって、非正規雇用労働者の雇用と活用が重要な課題になりました。短時間（パート）労働者、派遣労働者、アルバイトなどの雇用枠が、「雇用形態の多様化」の名の下に推進されることになりました。一九六〇年代には三六六万人であった短時間（パート）労働者は、一九八九年に至ると六〇二万人にも増大しました。非正規雇用労働者の拡大に伴って、非正規雇用労働者を臨時的で補助的な労働力とみなす従来の労務管理は、あらためて再検討されることになりました。その結果、短時間（パート）労働者、派遣労働者、アルバイトを企業経営にとっての恒常的で基幹的な労働力とみなす傾向が強まりました。以後、流通業、サービス業における企業の中には、彼等を恒常的・積極的に戦力化するものも現れています。

非正規雇用を拡大して積極的に活用するために、現代の労務管理は、彼等の採用、昇格、昇給、賞与、退職金のみならず、人事考課、教育・訓練、福利厚生などのあらゆる面での見直しを進めています。パート労働法、労働者派遣法など、一九八〇年代以後法制化された法律を踏まえて、さまざまな見直しがなされています。特にバブル経済破綻以後、大企業は日経連が提起した「雇用のポートフォリオ」に従って、正規雇用労働者を内部化する従来の雇用政策を大きく転換しました。正規雇用労働者の専門職化が図られると同時に、パート労働者、派遣労働者、請負労働者など、短期で不安定な雇用がさまざまな業種に急激に広がっていきました[1]。

(2) 若者の雇用状況

一九九〇年代のバブル経済破綻以後、日本の民間企業は、労働者総数を削減すると同時に、新規採用労働者数についても大幅に抑制しました。正規雇用労働者に関する企業の採用方針もすっかり変わりました。

第一に、人事担当者は、若者の質をしっかりとみるようになりました。採用時にしっかりと学生の実像（学業成績、職業意識、人間関係調整力など）を見極めるようになりました。同時に、多くの企業の人事部は学生に向かって「即戦力が必要である」と言いだしました。「即戦力」というのは、前述の二つの職業能力を意味しています。つまり、ワード、エクセル程度の情報機器の操作能力、英語を駆使してビジネスを展開できる能力です。企業は採用するにあたって、正規雇用労働者の持っている顕在能力（実際に発揮している能力）の質を厳しくチェックするようになりました。

第二に、企業は若者の雇用枠を狭めています。少数精鋭主義という考え方が、採用過程にも浸透していますから、企業の中核的部分を担うべき長期正規雇用労働者については、一握りの有能な人材だけを確保することにして、これ以外については非正規雇用労働者で済ませようとしているのです。

社会全体に非正規雇用が広がる中で、高校や大学を卒業しても正規雇用労働者として採用されなければ、和製英語であるフリーターと呼ばれる短期雇用労働者になるしか、他に適当な職はありません。大量のフリーターを生み出しながら、バブル経済破綻以後の「失われた一〇年」が過ぎてしまいました。二〇〇五年頃から、高校生や大学生の就職戦線は好調に転じましたが、景気が好転したといっても、景気上昇が見られるのは東京、大阪、名古屋、福岡のような大都市だけです。大都市を離れた地方都市では、景気回復の兆候はいっこうにみられません。

このような雇用状況が続いていますから、アルバイトをしていた外食産業に就職してしまう若者も増えています。就職を決めたとはいうものの、人材派遣会社の登録社員に過ぎない若者も登場しています。派遣会社に登録されただけでは、派遣会社の正規雇用労働者であるというだけのことです。常に仕事があるかどうかは分かりません。仕事先が決まらなければ賃金はもらえません。

不安定雇用と低賃金の広がりの中で、近年注目を浴びているのが「紹介見込み派遣」という制度です。学生は民間大手企業の傘下にある派遣会社に就職し、いずれかの会社に派遣され、最長で六ヶ月間の就労後、派遣先に正規に雇用される仕組みになっています。しかし、実際には、勤務先での働きぶりが高く評価されたりしなければ、派遣先企業に入社を決めることができません。お互いが気に入ったら、労働者は働けばよいし、会社は雇えばよいということです。若者の一部には、このような『お見合い』方式は説得力を持っているようです。しかし、雇う側と雇われる側とが対等平等の関係ではありません。

派遣労働者が、派遣先会社人事部に出向いて、「来年度から正規職員として雇ってほしい」と要望しても、また、雇用主である派遣会社に「派遣先会社が気に入ったからこの会社に就職してみたい」と申し出ても、派遣先企業から「いらない」と言われれば、この「お見合い」は失敗ということになります。せっかく気に入って入社を希望しても、相手先企業から「能力がない」とか「相性が合わない」と言われれば、派遣労働者としてとどまらなければなりません。

雇う側と雇われる側との関係は、一対一の対等平等の関係ではありません。対等平等ではないから、近代の労使関係は労働組合の役割を承認してきたのです。個人の交渉力には限界があるから、今日の市場経済社会では、労働組合に対して団体交渉の権利を付与しているのです。労働組合が団結権、交渉権、ストライキ権を獲得する戦いが、「労働の世界における市民戦争（civil war in work）」であるといわれるのは、権利は闘い取るべきものであるからです。

(3) 経済社会の現実と若者の求職活動

現代日本社会に生きている高校生や大学生たちの求職活動にも、実は大きな問題が潜んでいます。日頃から経済社会や職業の世界への関心を高めていれば、確実で有力な情報を得るチャンスはいくらでもあります。世の中には有力で確実な就職情報が豊富にあるにも拘らず、多くの若者が就こうと思っている会社は、一般大衆向けの雑誌やマスコミに登場するものばかりなのです。マスコミに登場する会社は、どのような目的からマスコミに登場するのでしょうか。これらの会社は高額な宣伝費を支払ってまで、なぜ大量にコマーシャルを流すのでしょうか。その理由は、自社製の商品を最終消費者に買ってもらいたいからです。自社製品のイメージを上げて、顧客の財布の紐を緩めさせるためです。その場合、標的にされるのは世間知らずの青少年や若者です。

マーケティングの狙いは、企業に都合のよいように顧客の気持ちを作りかえて、自社製品を購入させることです。製品というものは、生産者自身が自家消費するためではありません。製品市場で他人に売らなければ金にはなりません。実際に金にならなければ、製品を作っても製品は粗大ごみと同じです。引き取り業者に金を払わなければ、粗大ごみは引き取ってもらえません。

現実の世の中には、マスコミが煽り立てる会社ばかりがあるのではありません。日本全国に、たくさんの優良企業が存在します。これら優良企業の経営者の中には、惚れぼれとするような立派な見識を持ち、トップマネジメントとしての雇用者責任を自覚している方が大勢います。こういう会社は、製造、流通、金融、サービス、それぞれの産業で頑張っています。専門特化した各々の産業領域で、モノづくり日本を代表して活躍している企業もあります。これら優良企業の多くは一般大衆を顧客にしてビジネスを展開していませんから、テレビコマーシャルにも新聞広告にもでてきません。

小型モーターの市場の六〇％以上を占有する企業、ナノテクノロジーの開発で世界をリードする企業、職人技を活用して数億円の年間利益を計上する中小企業が、健在振りを発揮しています。アメリカ航空宇宙局（ＮＡＳＡ）から特別注文を受けている部品加工業者もあります。世界に誇る高純度の水を製造する企業もあれば、全世界の圧倒的シェアを誇る光ファイバーメーカーもあります。スーパーカーメーカーであるフェラーリ社のエンジンを加工する専用工作機を作っている工作機械メーカーもあります。

民間大企業といえども、これら多数の優良企業があればこそ実際にモノづくりが可能です。数えたことはありませんが、一般に日本国内に三〇〇万以上もあるといわれているのが中小企業です。とりわけ個性を持った中小企業という強い味方があればこそ、民間大手企業は、世界を相手にしてビジネスを展開できるのです。若者が学校を卒業して就職しようとするときにこれらの優良企業が見えてこないようでは、在学中の教育内容と現実社会との距離感とが問われるべきではないでしょうか。

(4) 職業能力を形成することの意味

一般的に、一流大学を卒業して大企業に就職し、大企業で昇進する確実なルートが存在すると考えられています。わが子をこの確実なレールに乗せようとして、幼い子供の手を引いて一流大学付属の有名幼稚園の門をくぐる母親の姿がテレビで報道されることもあります。この確実なレールに乗れるか乗れないかの指標とされているものが、一人ひとりの学生に序列をつけるペーパー試験と予備校がつける偏差値です。

有名一流大学を卒業した後、他人が羨望する大手一流企業に就職し、本社経理部に勤務する中高年サラリーパーソンの職業人生を想像してみましょう。大手一流企業のサラリーパーソンでも、選択定年制（早期退職制）が適用されるのは五五歳前後からです。この年齢に差し掛かれば、後進に道を譲って片道切符を持って関連子会社に出向するか、不況に直面すれば、事実上の整理解雇の標的となるはずです。本人の都合によるか会社の都合によるかは問わないとしても、大企業の経理部長職を解かれた中年男にどのような職業生活が待っているでしょうか。つまり「俺は出世街道を登り詰めた」と自負する中年男に、果たしてどのような次の職業人生が待っているでしょうか。

一般に、大企業であればあるほど、経理部に所属する職員に配分される仕事は細分化され、専門化されています。経理部長は自分自身ではこれらの仕事を担当しません。部長の主な役割は経理部職員に仕事をさせることです。部下の能力や意欲、職歴や家庭の事情などを勘案しながら、部下に仕事を配分し、部下を動機付け、目標を提示し、仕事の遂行を管理・統括するのが部長の役割です。

これは、野球の監督が実際のプレー（投げる、打つ、守る）をしないのと同じです。部長は統括する部門を管理するのが主要な仕事です。実際のこまごまとした作業はすべて部下に任せてしまっています。昔から「担ぐお神輿は軽いほどよい」と言われています。実際の作業を部下に丸投げし、部下に任せきっていた部長がリストラの標的にされて、知人の紹介で中小企業の採用面接に出向いたとき、彼は果たしてどうなるでしょう。

中小企業の社長から「この会社でどのような仕事をしてくれますか」と尋ねられるでしょう。有名大企業の元部長であった中年のサラリーパーソンが、「私には部長ができます」と返答したという笑い話が残されています。自らにできる具体的な仕事が思いつかなかったのでしょうが、「部長ができます」という回答は笑い話どころではありません。これはとても悲しい話です。なぜならば、この元部長という人間は過去の肩書きでしか自分の職業能力を示せないからです。

企業規模の小さな関連子会社には、経理部長という職名はありません。従業員三〇〇名前後の中小企業メーカーでも、管理職部門があるのは設計部門と事務部門だけです。設計部門では大学や大学院を修了したエンジニアが働いているところです。事務部門では、総務部と呼ばれるところが業務のすべてを任されています。大企業の元部長であっても、採用後に配属される行き先は総務部となるはずです。総務部長のポストは既に他の人で埋まっているはずです。

総務部の職員であるならば、決算書の作成、予算書の作成、確定申告書の作成、従業員の給与計算、労働社会保険の届出業務、貸借対照表の作成、日常の会計処理など、オールマイティな能力が要求されます。ときには、メーンバンクに出向いて頭を下げて、低い頭をさらに下げて、借入金の交渉をしなければならないときさえあるはずです。また、相手先に届くはずの自社商品が届いていなければ、取引先企業に菓子折りでも持って、取引先企業が取引停止を通告してこないようにお詫びにも行かなければなりません。

いわば「何でも屋」に徹しなければ、中小企業での総務部の仕事は務まりません。むろん個人差があるでしょうが、大手民間企業の経理部長にまで昇りつめた人間に、総務部職員が担当するさまざまな雑務を完全にこなせるとも思えません。大企業の元管理職という過去の肩書きにこだわっている限り無理でしょう。一人の労働者が職業人生を全うするうえで大事なことは、どのような世界でも生きていける確かな職業能力を身につけることです。それ以外に適切な方法はありません。

(5) 雇用流動性と職業資格

日本社会で盛んに喧伝されている議論は、雇用流動性を促進する議論です。雇用流動性が高いということは、労働者が職場に定着せずに次から次へ雇われ先を変更することです。雇用流動性を促進する業種は、労働者派遣法を基にした人材派遣業界です。人材派遣業は従来、法律に違反するものとして原則禁止とされていました。まるで労働者を右ポケットから左ポケットに移し変えるだけでビジネスになる商売は、法律によって厳格に禁止されていました。ところが一九八〇年代に、ある特定の専門的職種だけに限定して労働者派遣は合法化されることになり、その後、派遣先は製造業にも拡大されることになりました。

ヘッドハンティング業も登場しました。企業の中には、ヘッドハンティング会社を利用して辞めてほしい管理職を引き抜いてもらうものもあるようです。ヘッドハンティング会社を通じて、多額な賃金を提示されて引き抜かれる管理職も多いようです。多額な賃金を支払う以上、移籍先の会社はそれ相応の働き振りと結果としての業績を要求します。会社が期待するほどの業績を上げることができなければ、移籍先企業の職場で居心地が悪くなるでしょう。居心地が悪くなれば、今度は自分から辞めていきます。辞めてほしい人材に体裁よく、しかも、本人の都合によって辞めてもらうには、ヘッドハンティング会社を活用するのは絶妙な方法です。

派遣会社で働く人間の多くは、自分を職業のプロフェッショナルであると思っている傾向があります。派遣会社が仕事のプロを養成して派遣しているとか宣伝していますから、その気になってしまう人もいるようです。しかし、パソコン画面を見ながら定型書式に数値や記号を入れ込んで、事務処理作業を行っている派遣労働者は、「私はパソコン入力作業のプロである」と思い込んでいたとしても、誰も彼をプロフェッショナルであるとは考えません。大企業の表玄関で受付業務を担当する派遣労働者も、「私も受付業務のプロです」と思い込むのは勝手ですが、この仕事もプロフェッショナルではありません。

経済社会からプロフェッショナルと呼ばれる人間は、ある限られた特定の職業に就いている人間だけです。彼が彼の意見を表明したとき、周囲の人たちが「なるほど」「わかった」とうなずいてくれる職業だけです。なぜならば、プロフェス（profess）という英語は「意見を表明する」であるからです。大学教授、医師、弁護士、司法書士、公認会計士、税理士、社労士などが、この場合、プロフェッショナルに相当します。これらの職業に従事するには国家資格試験が課されていたり、厳しい入職制限が課されています。製造業の職場では、二級、一級、特級のような国家技能資格が用意されています。それぞれの企業も自前で技能資格制度を持っています。

(6) 職業能力のミスマッチ論

失業している若者に失業にかかわる全責任を押しつける議論が、日本社会で横行しています。失業問題を考える場合、失業という概念がどのような意味であるか、まずこのことに注意を払う必要があります。労働経済学が示す失業者とは、労働者が定職にありつけなくて、職にあぶれてしまっているような状態ではありません。つまり、それぞれの労働者が置かれている雇用の状態を示す概念ではありません。実際にどのような職にも就いていない労働者の雇用行動は、無業という別の概念で表されます。

失業統計で示される失業者概念は、学問的に加工されている概念です。官庁が統計数値を取る該当月の最後の一週間に一時間以上就労しなかった労働者、しかも、実際に職業安定所に出向いて、窓口に求職票を提出した労働者が、失業者の定義です。したがって、失業者とは求職者でもあります。

経済状況が不振であれば企業は新規採用を自粛・抑制します。その結果、どうしても失業が広がらざるをえません。そのときに失業責任を若者に押しつけようという議論が、労働市場のミスマッチ論（労働力市場において需要と供給が一致していないという議論）です。具体的に言えば、労働市場のミスマッチ論は、「労働市場には実際に求人があるにもかかわらず、若者は職業遂行能力を持っていないから・・・」、「自己実現できる適職を求めている若者が多いために・・・」、労働市場で失業者が滞留しているという考え方です。

労働市場のミスマッチ論によれば、経済社会に失業者が存在するのは、多くの企業が実際にたくさんの人材を求めているにもかかわらず、求められている職業に必要とされる能力要件を兼ね備えた人間がいないから、あるいは求人があるにもかかわらず、労働者がワガママを言っているからだ、という考え方になります。労働市場のミスマッチ論というのは、求人数が求職数を上回っていることを前提とした議論です。なぜならば、労働者を求めている企業数が、職を求めている労働者数を上回っていることを前提としなければ、「世の中には人を求めている会社がこんなにもあるのに、実際に仕事を遂行する能力を持つ労働者はいない。だから、失業問題がいっこうに解決しないのだ」という主張が成り立たないからです。

この論理を証明するために使われている操作概念が、有効求人倍率という数値です。それは求人数が求職数を上回っていることを統計的に示すための指標です。しかし、冷静に考えると、有効求人倍率という数値を判断するには政策的なバイアスがかかっていることに特別な注意が必要です。例えば、全国各地にある職業安定所が、地域の中小企業に「求人票を出してください」と指示すれば、中小企業はどのように反応を示すでしょうか。職業安定所に集まってくる求人票の数値は確実に増えることになります。なぜならば、必要労働力不足のときに何かとお世話になるのが監督官庁ですから、監督官庁から求人票を出して欲しいと依頼されれば、出してしまうのが中小企業だからです。実際に採用するかどうかの最終的な可否は、中小企業事業主の判断に委ねられていますから、監督官庁の指示にしたがって求人票を提出する程度の協力は、どのような中小企業事業主も惜しむはずはありません。

求人票がたくさん集まってくれれば、有効求人倍率は確実に跳ね上がることになります。その結果として、「定職がないのは若者に能力がないからである」「定職に就けないのは若者がワガママだからである」という言質になるのです。求人数が求職数を凌駕するという数量的な証拠は、このような社会的メカニズムを通じて操作的に作られている部分がある、と考えてよさそうです。

(7) おわりに

「入社したときは労働者であるが、中高年では管理者に、定年間際には経営者になる」という社会的意識があります。このような社会的意識とは、「傾斜的労使関係」を前提として形成される意識であり、高度経済成長期（一九五六～一九七〇年）においても、それ以後においても、多くの国民によって広く共有される意識でした。傾斜的労使関係にはそれ相応の成立する根拠がありました。なぜならば、内部昇進型重役がたくさん誕生していたからです。日本社会はドイツと並んで経済格差の少ない社会でありましたから、社内で出世街道を登っていく通路がありました。また、そのような出世競争は平等な自由競争であるかのように思われました。

これからの日本社会は、確実に経済格差が広がるでしょう。日本もアメリカと同じように、この世に生まれおちた瞬間から、金持ちと貧乏人とでは住む世界が異なっているという社会に変貌するかもしれません。誰の目で見ても、経済格差が歴然と存在していることが分かる社会になるかもしれません。フリーターや貧困家庭の若者の中には、人生の初期段階で競争舞台から退場する人間が増えるかもしれません。雑誌『エコノミスト』は、「娘、息子の悲惨な職場―細切れ契約、続く低賃金、二極化する若者『仕事するなら子供を作るな』―」という、実にセンセーショナルな特集を組んでいます。

この特集記事の中で、「正社員の給料を景気の変動に応じて柔軟に変更することは難しいが、パート、アルバイトの給料は原材料や部品と同じ『変動費』になっており、柔軟に調整することができる。その結果、両者の年収格差は三・四倍から三・八倍に開いた。フリーターの間で『不平等感』と、頑張っても仕方がないという『あきらめ』の雰囲気が広がっている」[2]と報じています。非正規労働者が会計処理上、物品扱いされていることは驚きです。労働力活用のジャストインタイム方式の具体例であるといってもよいでしょう。

不安定雇用が広がっていく中で今後に予想される深刻な社会問題は、短期で不安定な雇用を余儀なくされたもの同士が結婚するケースです。全般的な傾向としていえば、経済格差は学歴の格差を生みだし、学歴格差は労働者世帯の文化格差を生みだします。能力主義や実力本位が叫ばれたところで、現実に進行する経済社会は、「親の年収」「親の職業」「家庭の社会階層」で決まります。ひとことで言えば、「どのような家庭に生まれてきたか」が〝ものをいう〟社会になるのです。年収二〇〇万円にも満たないフリーター同士が結婚したとき、そして、子供が誕生して片親が育児に専念せざるを得なくなったとき、年収二〇〇万円でどのような家庭生活が成り立つものでしょうか。育児の費用や子供の成長に伴う教育費用はどのように捻出されるのでしょうか。誕生した子供はどのように育成されるのでしょうか。考えただけでも恐ろしいことです。

以上のような指摘は、日本社会の将来像を暗く描き出しすぎているかのように受け止められるかもしれません。しかし、現代日本社会が猛スピードでこのような経済格差、学歴格差、文化格差を生み出す方向に向かって進んでいることは事実です。ワーキングプアーと呼ばれる社会階層が急速に広がっていることは明らかです。

このような現代日本社会の大きな流れの真っただ中にあっても、正規雇用労働者であるか非正規雇用労働者であるかを問わず、雇用する従業員の生活と労働をしっかりと見つめて、従業員をとても大事にしている民間企業はたくさんあります。「わが社の競争力の源泉は従業員の高度に専門的な能力である」と自己認識して、企業内教育・訓練に力を入れている企業もわが国にはたくさんあります。「捨てる神」がいれば「拾う神」もいるというのが市場経済社会のよいところです。

また、公共職業能力開発施設では、入学金や授業料は比較的安く抑えられていますし、専門的なカリキュラムも充実しています。職業能力をしっかりと身につけるのが難しい時代ですが、職業能力の形成を支える教育・訓練機関、職業能力と職業資格に基づいて労働市場を移動できる条件を整備しようという動きも見られます。政府も手をこまねいてみているわけではありません。

このような時代であるだけに、若者の一人ひとりは、現実の世の中の動向と同時に、その底に流れる傾向をしっかりと見据えて、自分自身の職業の未来像をしっかりとデザインすべきです。各々の職業の未来像を見据えて、専門的知識と専門的技能とを磨いていくべきです。人間らしい生き方を模索しながら、労働観、社会観、歴史観、人生観を磨いていくべきでしょう。そして、ある特定の職業を持って着実に生きていくためには、生きる権利（生存権）、働く権利（労働権）、学ぶ権利（学習権）が、確実に保障される経済社会の仕組みを作っていく必要とそのための組織的な取り組みが必要となります。

1　日経連『新時代の「日本的経営」—挑戦すべき方向と具体策—』、日本経営者団体連盟、一九九五年。この報告書は、三種類の雇用グループを提起しています。この三種類の雇用グループとは、「長期蓄積能力活用型」「高度専門能力活用型」「雇用柔軟型」です。

2　雑誌『エコノミスト』二〇〇五年五月三一日。一九頁。

第2節　職業を忘れた日本の学校教育

第1章で紹介したのは、早い時期に将来自分が就く仕事を選択して学習している人たちの話でした。しかし、わが国には自分の仕事を選ぶことができない多くの若者がいます。そのため大学を卒業してもフリーターや派遣社員に甘んじている人が少なくありません。このような現象は極めて残念なことです。その大きな理由として平成不況があります。しかし、若者自身に負わされている課題の一つとして、学校段階で、仕事や職業、労働への姿勢を正しく身につけられなかったことがあります。これは、現在の学校教育が設定している教育の目標が世界の常識から大きく外れていることが原因なのです。

本節では、わが国の学校教育において職業教育が低調な要因について考えます。その核心は著者が教育されてきた常識に、大きな誤解があったことです。このことを再認識して貰うためめに「教育」の本当の意味を考え直してみましょう。

(1) 学校給食の方法が意味すること

ヨーロッパのある国の学校活動を紹介するテレビのドキュメンタリー番組で、給食時間の様子が紹介されました。その番組で、たいへん印象に残っているシーンがあります。子ども達は、教室で食事をしません。全員が食堂に行きます。そして各自のトレイに、準備されたメニューの中から好みに応じて食べ物を取って席に着くのです。そして残飯が出ないことが紹介されました。一方、わが国の学校給食の場所は教室です。そして全員に同じ食べ物が同じ量、配られます。近年は〝飽食〟の時代となり、かなりの量の残飯が出ています。そして、教師による「残さない」指導が行われています。

これだけの違いのことですが、しかし、このような日欧の学校教育の一場面の差に、大事な、しかも本質的な課題が隠れています。それは学校給食が「与えられるもの」なのか、それとも「選ぶもの」なのか、ということです。

食事を本人が「選ぶ」ということは、選んだことに対する責任を本人に帰しているということです。本人が好き勝手に食事を選べば、偏食になり、成長にアンバランスが生じるリスクを伴うことも事実です。食事を本人が選ぶ、そのリスクは当人が持つということなのです。ただ本人に選ばせるというのは、周囲がそれに対して無責任でよいということではありません。偏食しないための食事の解説がなければなりません。もちろん準備するメニューも子どもの発達を考慮した料理でなければなりません。大人のメニューと同じでよいわけはありません。好きな料理だけを偏って食べないようにする指導も必要でしょう。一律に「与える」方法に比べて、手間と時間がかかることでしょう。

このように手間と時間がかかるけれども、本人がその責任を踏まえて選択できるようにするための教育が、個性を尊重した教育なのではないでしょうか。わが国の教育は、個性の尊重を重視しているといわれますが、現実の教育の場面では、ここにあげた例のように、「与えられるもの」を受け入れる教育がなされているといえます。

ここで紹介した日本の給食の方法が、おかしいのではないかと考えたことがあったでしょうか。周りにいる人が、みな同じ境遇にいると、それが異常でもあたりまえと思いこんでしまうものです。学校で行われている「教育」のあり方についても日本の常識と世界の常識は異なるのです。このことについて説明していきましょう。

(2) 「学習」と「教育」

① 「学習」とはなにか

「学習」とは、『広辞苑』によると「まなびならうこと。」です。また動詞の「学習する」は自動詞です。学習は学習する人の行動です。「学ぶ」・「まなぶ」の語源は、「まねる」が転化し「まねぶ」となり、そして「まなぶ」になったということです。今日のような学校制度の無かった時代の「まねる」とはどのようなことだったでしょう。子供が大人になり、一人で生きていくため、親や大人がしている「仕事をまねる」ことだったでしょう。江戸時代、庶民の学習施設であった寺子屋の数は、三万とも五万ともいわれています。平成一七年度の小学校の数は、二万三千余校ですから、寺子屋が庶民の学習施設として重要な位置を占めていたことがわかります。寺子屋は読み、書き、算盤の学習が行われており、学校のような施設だったといわれていますが、実際にはそのような基礎学習だけでなく、一万種あったともいわれている「往来物」と呼ばれる教材を利用して学習していました。当時は、ある事柄について学びたい者が質問の手紙を発し、それに習熟した人が手紙で回答していたのですが、「往来物」とはその質問と回答の手紙をまとめた冊子のことです。今日でいえば〝問答集〟です。例えば、『萬国通商往来』等の商人用、『柱立往来』等の大工職人用、『養蚕往来』等の百姓用、『呉服往来』等の女性用等がありました。往来ものの種類としては、庶民の学習として重要な職業に関する内容が多くみられます。

寺子屋での学習は、読み書き算盤が終ると、こうした「往来物」の学習を一人ひとりの必要に応じて行っていたのです。寺子屋の制度は、当時の国（幕府・藩）が、国民全員に対して一律に実施した教育ではありませんでした。江戸時代の職業は基本的に世襲制であったため、子どもが自由に職業を選ぶことはできなかったでしょう。しかし、寺子屋での学習は、各自の家業、または将来の志望に基づいてその内容を決定していました。このように仕事をまねる「学習」とは、個人の必要に応じて学習者自らが行う活動といえます。

②「教育」とはなにか

『広辞苑』によると、「教育」とは「教え、育てること。人間に他から意図をもって働きかけ、望ましい姿に変化させ、価値を実現する活動。」（第五版）としています。これを動詞にすると、「教育する」という他動詞になります。教育は、教育するものが教育を受ける者に対して行う意図的な働きかけのことです。「教育」の言葉の語源は、二〇〇〇年前の中国、戦国時代に、孟子が主として宗教に関する言葉「教」と、「育」を併せて創った言葉でした。それは「得英才天下而教育之」のように使われました。これは、「国中から広く英才を集めて、彼らを教育する」ことが、国王としての大事なことだ、という意味でした。戦国時代の国を強固にするために優秀な部下を教育することが国王の役割だとしたのです。逆に考えると、庶民は、家臣として国王の教育を受ける立場だったのです。

このような「教育」という語の成立過程から、「教育」は、為政者のための言葉であることがわかります。わが国では、このような「教育」を、明治中期以降の教育行政で展開してきました。日本国憲法に義務教育が示されていますが、このような「教育」を国民が受ける〝義務〟として、わが国に教育が定着しているのです。

③　〝Education〟＝教育？

「教育」の英訳は何かと聞かれれば、〝Education〟と皆が答えるでしょう。しかしよく調べると、〝Education〟と「教育」の概念は全く異なります。〝Education〟は、能力を「開発すること」であり、職業に関する能力を開発することが含まれています。このことは、英英辞典を調べればわかります。英和辞典を書いている日本の英語研究者も誤解したままなのです。欧米の教育に、職業教育が位置づいているのは、こうした〝Education〟の概念にも関係します。その概念は〝Education〟の発展過程により創られたのです。

「開発する」という概念は、一人ひとりの個性に応じて潜在している能力を開発することであり、それは「教育」より、「学習」に近い言葉であることが分かります。その能力は学力ばかりでなく、スポーツや芸術、職業等のさまざまな能力を含むことは明らかです。実は日本でも、明治初期までは「教育」と〝Education〟を同じ言葉とはしていなかったのです。「教育」と〝Education〟を同じ言葉としたのは明治末期に「教育勅語官定英訳」が発表されたことによります。当時教育勅語を否定することはできず、そのまま日本に「教育」＝〝Education〟という概念が定着してしまいました。

そうした中にあって、福沢諭吉が「教育」の語の使い方について、明治二二年に重要な批判をしています。「学校は人に物を教うる所にあらず、ただその天資の発達を妨げずしてよくこれを発育するための具なり。教育の文字ははなはだ穏当ならず、よろしくこれを発育と称すべきなり。かくの如く学校の本旨はいわゆる教育にあらずして、能力の発育にあり……。わが国教育の仕組はまったくこの旨に違えりといわざるをえず。」というものです。「発育」とは、"Education"の「開発すること」と類似した概念だといえます。「発育」は国王から臣民への「教育」ではありません。子どもの能力を開発することが学校の役割だ、と主張したのです。残念ながら福沢の主張は、富国強兵策の明治政府からは黙殺されてしまいました。

また、日本の教育の問題を鋭く指摘しているのは、永六輔氏です。永氏は「『教育』という言葉が良くないですね。教え育てる、という思い上がった発想が、文部省、ジャーナリズム、…（に）満ち満ちています。／まず『教育』にかわる言葉をつくるべきです。……教育は、『上から下』という方向性しかもっていませんね。これでは何ともなりません。」と述べています。永氏の「教育」の排除論は、孟子が造語したときの問題の本質を突いています。国王が臣民に行う教育では国民のためではないことを指摘しています。

ここまで、「教育」と「学習」の意味の違いを見てきました。われわれが学校で受けてきたあたりまえの「教育」が、ここに示した意味を持っていることをわれわれは意識してきたでしょうか。一人ひとりは自分自身が「学習」したいことを「学習」してきたでしょうか。前項で紹介した給食の場面が、日本の学校で行われている教育と、欧米で行われている"Education"の違いを象徴している、と言っては言い過ぎでしょうか。わが国では学校を卒業する段階で、自分自身が生きていく「術」である職業を「選択」できるようになっているでしょうか。

本節ではこの後、教育を二つの意味で使います。学校教育や教育制度のように、一般的な意味で使うときは、単に教育と書きますが、ここまでに説明してきた、一方的に押しつける「教育」を意味するときには、括弧つきで「教育」と表記します。

(3)「学校」の役割はなにか

①「教育」をしている文部省

現在の日本で学校教育を所管しているのは、文部科学省です。省庁再編で科学が付加されましたが、元は文部省です。本節では説明しやすいように、再編前の文部省と呼びます。文部省の設立は明治四年。庶民の学問（学習の当時の呼び方）を実施するために設立しました。学問は古い文字として「学文」が使われていたので、学文を司る省として、文部省が設立されました。現在の文部省は、学校教育法、学習指導要領を示して一律に行う「教育」を実施していま す。この実態からいえば、文部省は、本来は教育省と呼ぶべきなのです。国民の学問の方法を学習から「教育」に転換したのは、明治八年です。富国強兵の国を作るための人材育成の方法として、個人中心の学問は適切ではありませんでした。そこで文部省は、「教育」を実施する官庁へと方針を転換しました。業務を「学問」から「教育」に転換したとき、文部の名称を変更せず温存したのです。教育の語感の悪さを覆い隠す、当時の文部省の作為が感じられます。

② 「教育」をしている日本の学校

現在の日本で学校は、「教育」を受ける場所です。なぜ「学」の校なのでしょうか。「校」は囲われた場所の意味です。「教育」を実施しているのですから「教校」のはずです。

「学校」の「学」は「学問」の学です。学校は、「学問」を実施するための「がくもんじょ」として明治五年の「学制」により制度化されました。つまり、学校も最初は「教育」のためではなく、学問のために設立されたのです。明治初期の学校の目的は寺子屋の学問を実施する所という考え方を引き継いでいました。しかし学問は、個人の立場の関心により定まります。学問は直接的には国の政策とは無縁な内容でも成り立ちます。

他方当時の国は、富国強兵を早く実現するために、国の人材育成策を実施することが急務でした。そこで、国民を教育して国策に合った人材の育成をする必要が生じてきました。政府は

「学制」を廃止して一八七九（明治一二）年に「教育令」に変更しました。一八八五（明治一八）年の第三次「教育令」は「教育」を強調するために改正され、国民に対して学問を実施するという考え方は一掃されました。「教育」は集団的に行うので、このとき、今日にも残る制服、修学旅行、運動会、学校体操等が集団主義の強化のために実施されました。

以上のように学問を廃止して「教育」を使ったことは、大人になって一人で生きてゆく子ども達のためではなく、国の施策を実行する制度を整備するための人材を養成するためでした。本来であれば、こうした国の施策を実行するための教育制度を整備するのであれば、同時に、庶民が生きる術を学習する制度、今日の言葉でいえば職業教育を同時に整備しなければなりませんでした。ところが、江戸幕府よりも困窮していた明治政府は資金と時間がかかる職業教育の制度化を、学校教育の制度化と同時に開始することができませんでした。その結果、「教育」は「普通教育」中心の進学のための内容が中心となりました。結果的に教養だけで仕事ができる官僚になるための〝立身出世〟の装置として学校は機能したのです。

こうして学校は、今日まで教育を実施する所となりました。しかし、文部省の名称と同様に「学校」という名称は変更されませんでした。現実には文部省は「教育」を司り、学校では「教育」を実施しているにもかかわらず、その名称から学校は学ぶ場所、文部省は学問を司っているという印象を与えています。そうして日本人に、「教育」と学習（学問）という、本来は対置する概念を混同させてしまう現状をつくり出してしまっているのです。

(4) 欧米の学習の目標

① 本来の学習の目標

親が子どもに「勉強しなさい」というと、子どもが「なぜ勉強するの」という笑い話があります。最終的には「楽になるからよ」と親が言うのに対して、「だったら今は楽だから勉強しなくていい」という落ちなのですが、その前段で、「よい会社に入るためよ」という親の説明があります。この話は学習と職業の関係について検討すべき話です。

「よい会社に入るため」に「学習」するというのは、自立心のない極めて他力本願的な考え方で、薦められる話ではない、という見方があります。例えば、二〇〇七年二月、携帯電話市場に新規参入することを表明したeAccess社の千本倖生会長は、かつて会社から派遣されて米国に留学した際、寮で同室になった白人青年から、勤めている会社を聞かれたそうです。そのとき得意げに「日本で最大の電話会社で働いている」というと、「くそ野郎」とののしられたというのです。この罵声の背後には、優秀な卒業生ほど知られていない企業に入り、自分で社会を切り開くものだという考えが、外国にはあるのだそうです。

他方「会社に入るため」を職に就くこと、つまり「就職」（実際は就社なのですが）と考えると、極めてまともな学習の目標を表している、という見方もできます。いずれにしても「よい会社に入るため」という学習の目標は、実際によい会社に入るのがよいのか、自分で新たな仕事を切り開くのがよいのかは別として、学習の本質として無視できないことなのです。

学校教育が終わると、子供たちは社会に巣立ちます。「社会に出る」ということは、働くこと、つまり多くの場合は就職することになります。したがって、学校での学習の内容が、就職後のことを考えた内容であるべきことは当然です。このことは教育目標として「学校教育法」にも規定されています。しかし、現実の日本の教育の内容は、就職後の仕事の内容との関連性は薄く、日本の学校教育の実情が、欧米諸国のそれと、さまざまな違いとして現れている原因だといえます。

かつて、「教え子を戦場に送らない」というスローガンが重視されました。しかし、その代りに、教え子をどこへ送るのかを考えなかった問題がここにあります。

②　イギリスの教育職業技能省

第2章で紹介したイギリスでは、現代徒弟制度として若者の職業的な教育訓練が強力に展開されています。その教育訓練を展開しているイギリスの官庁は、教育職業技能省（Department for Education and Skills）です。イギリスではまず、教育省と雇用省を統合して「教育雇用省」

ができました。日本でいえば文部省と労働省を統合した形です。その後、二〇〇一年に「教育職業技能省」に再編成されたのです（なお、二〇〇七年六月に初等・中等教育などを担う「子ども・学校・家族省」と高等・職業教育を担う「技術革新・大学・職業技能省」に分割されました）。日本では二〇〇一年の省庁再編の際、文部省と労働省を統合することはまったく話題になりませんでした。日本では考えられない教育省と雇用省の統合が、イギリスでどのような考え方のもとに再編されたのでしょう。

それは、若者や成人に対する教育と雇用問題を一元的に取り扱う必要がある、と認識されたからです。つまり、“Education”が、日本でいう「教育」ではなく、本来の職業に必要な「能力の開発」であると考えられているためです。職業に必要な能力の開発は、仕事を得る、つまり就職するためのものです。政府の立場としては、国民の雇用“Employment”を確保するために、“Education”が必要不可欠であり、学習の目標が職業と密接に連携しなければ、雇用を確保するための“Education”がなされないと判断したのです。このようにイギリスでは、“Education”の目的が雇用であることが常識なのです。

③　フランス「教育基本法」の目標

フランスでは見習訓練が学校制度として位置づき、大学院レベルまでを含めて多くの若者が職業資格の取得をめざして教育を受けています。このような職業をめざす教育の目標が、フランスの「教育基本法」に明確に規定されています。フランス「教育基本法」はおよそ二〇年前に制定された新しい法律です。その目的は、「すべての子どもが成功する学校を」という理念により検討されたということです。同法では教育の目標としての職業に関連する条文が極めて詳細に規定されています。

例えば、第一条第②項に「人格を発達させ、初期教育及び継続教育の水準を高め、社会生活及び職業生活に参加し、市民としての権利を行使することを可能にする」ことが"Education"の権利として「一人ひとりに保障される」と規定されています。このように、市民の職業生活を保障することが教育の目的だと明確に示されています。つまりフランス「教育基本法」では、教育は国民の自立を援助するための営みなのです。

ところで「世界人権宣言」を高校生にわかりやすく書き直した「テキスト版」では次のように述べています。

第二六条

あなたは学校に通う権利、無料で能力開発を利用する権利（the right to take advantage of compulsory education）をもっています。あなたはある職業を学んだり、あるいは望むだけ学習を続けることができるべきです。

あなたは学校であなたのあらゆる才能を発展させることができ、どんな信仰をもっているか、出身国がどこであるかに関係なく、だれとでも仲良く生活しつづけることを教えられるべきです。

このように、「職業を学ぶ」ことが「学校に通う権利」であると明記してあります。このように世界人権宣言や欧米の規定は、職業、学習、学校の関係について類似した概念を持っています。しかしながらわが国の教育は、職業との関係はほとんど考慮されていません。こうした差異が生まれる背景は、日本人があたりまえに経験してきた教育の体験による「教育」の概念と、欧米の"Education"の概念との間に差異があるためです。次に、もう少し詳しく、日本人の教育観について見てみましょう。

④　個性を尊重する学習と軽視する「教育」

「日本国憲法」に、日本人の教育観を示す端的な条項があります。それは「教育を受ける権利」という条項です。これまで説明してきたように、「教育」は、国が国の施策のために国民を「教育」する活動です。日本国憲法には、そのような教育を「受ける権利」があると記述されているのです。国民は、国が国の施策を実行するのに必要な人材を育成するために実施する「教育」を受けたいでしょうか。戦前は「教育を受ける義務」でした。教育を選べなかったのです。誰でもが自分が生きる力を得るための学習をしたいと望むのではないでしょうか。

人が望むことは将来のためになる学習です。学習する内容は、将来自分がどのような職業に就くのかを想定して、必要な学習をすることになります。本人が、その個性に応じて学習する内容を選択できなければなりません。これも学習の権利に含まれることになります。そうすれば先の条項は本来、「学習する権利」あるいは「学習を選択する権利」であるべきです。学ぶことを本人に選ばせることが、個性を尊重する近代学校の原則であるはずです。選べなくて、与えられることを権利と考えるのは、おかしなことでしょう。このことは、最初に考えた給食と同じことです。

人は一人ひとり興味関心が異なります。「好きこそものの上手なれ」の諺の示すとおり、各人が好むことの学習を保障してやれば、何処までも伸びると思われます。教育は、そうあるべきだという言説もよく目にします。著者が勤めていた大学の一年生が、私のある講義に次のような感想を書いていました。

> 学校教育を一二年受けてきてよく言われることに、受け身ではなくて考えろということがある。しかし、「教育を受ける権利」を忠実に実行すれば、一〇〇%受け身となる。そう考えると矛盾していると考えてしまう。「考える人間」を育てたいと日本が思うなら今一度この制度について議論が必要なのではないか？

この感想は、日本の教育のとらえ方の根本にかかわる問題です。「教育を受ける権利」は国民の自立心を拒否していることが分かります。受け身になれば、「国民は臣民」という発想、つまり国から与えられるものを受け取るという発想になり、一人ひとりが自分の問題として将来のこと、職業のことを考えることはなくなるでしょう。「教育を受ける」ことは、画一化の主張となります。そして、与えられなければ何もできない国民、毎日を社会の動きの中で流されていく国民に育成されることになります。つまり、学校卒業時に主体的に職業を選択できない若者を生み出すのです。

「教育を受ける」ことによる画一化を避けるための具体的な方法は、「学習を選ばせる」ことです。普通教育が中心で、学習指導要領で教育内容が細かく規定されている、現在の日本の学校教育では、選べる内容が狭い範囲に限定されます。「選ぶ」ことは、各自が各自の責任で、各自の個性に応じて選択しなければなりません。個性が大事な理由は、個性が最終的に職業に通じるからです。逆に職業が、個性の確立を求めるのです。各自がその個性に応じて職業を選択できれば、職業は"Occupation"（与えられる仕事）ではなく、"Calling"や"Vocation"（天職）になるでしょう。そうなることで、働くことに楽しみや誇りを持てる人生を送ることができるのです。

現在の日本では、普通教育が中心の学校教育の中で「個性の尊重」が叫ばれます。しかしそこでいう個性は、自分が職業に就いた後のことを見通した将来像とは結びつきません。「個性の尊重」と何万回も繰り返して叫ぶより、職業を見通した学習を選ぶことが、本質的な個性の尊重の実現となるでしょう。

個性を尊重する教育を実践するためには、国民の権利として「学習を選ぶ権利」が求められるのです。

(5) 職業教育の忌避

わが国では、職業教育が充実しませんでした。特に戦後は、当初から職業教育を忌避してきたといえます。例えば「教育基本法」にもそれを見ることができます。

二〇〇七年に「教育基本法」が改正されました。「教育基本法」には新・旧法ともに、「勤労を尊重する」ことが目的・目標として規定されています。旧法では第一条「教育の目的」に「勤労と責任を重んじ」と規定されました。そして新「教育基本法」では第二条「教育の目標」に「職業及び生活との関連を重視し、勤労を重んじる態度を養うこと」が規定されました。これらは単純な書き直しに過ぎません。

つまり、「働くこと」、「働けるようになること」が教育の目的・目標（＝Goal）ではないのです。単に「働くことが大切で、尊重すべきだ」という「意識」を育てればよいのであって、教育内容に働くための方法に関する学習が含まれる必要はない、という考え方です。このような規定で、個性に基づいて職業を選択することを前提とした学習が権利として保障されるような教育がなされるとは、考えられません。

先に紹介したフランスの「教育基本法」との違いは明確です。それでも旧「教育基本法」には「勤労の場所における教育を奨励しなければならない」とする条項がありました。これは企業等の仕事場における職業教育を奨励しようという意味でした。

戦後、中学校を卒業して企業内の職業訓練校に入る訓練生が大勢いました。この訓練生は、三年間で五四〇〇時間の訓練を受けなければなりませんでした。その内容は、体育、社会科、専門学科、実習など、職業訓練としての一定のレベルを確保する訓練と、残りの時間で企業ごとの学科や作業場で仕事を学ぶ訓練も実施されていました。このような訓練を受けた人が戦後の経済成長の土台を支えていたのです。

こうした訓練生たちに教育の機会を確保するため、戦前の教育を改革する使命を担っていた教育刷新委員会は、政府に「教育の機会均等」の趣旨から、大学へ進むための単位を与えるべきである、と建議しました。しかし文部省は、その建議を拒絶しました。その結果、わが国の「教育の機会均等」は、「学校教育内の」という限定された「教育の機会均等」になりました。その上、「勤労の場所における教育を奨励しなければならない」とする規定は、新「教育基本法」からは削除されました。教育刷新委員会の建議は今日では空文になり、現実の仕事の場面での教育・学習活動は新「教育基本法」では全く無視されることになったのです。

(6)　おわりに

職業教育を学習内容に位置づけられない教育は、国民一人ひとりが生きていくことを保障する教育にはなり得ません。しかし、わが国の最近の教育に関する議論は、逆行しているように思われます。逆行の理由は本節で述べたように、わが国独特の教育観にあるといえます。このことを再認識して、職業教育を中心に置いた教育改革の方向に転換しなければならないといえるでしょう。

江戸時代の寺子屋は、武士の社会を維持するための藩校とは目的の異なる庶民のための〝学校ではない学校〟でした。この「学校外学校」は学習内容的にみれば、今日の日本の専門学校、職業能力開発校、企業内教育などの職業教育といえます。江戸時代に寺子屋が果たしていた機能については、今日でもさまざまな形で注目されていますが、それに比べて今日の学校外学校への注目度は低いといえます。現在の職業能力開発施設の設置数は大学よりも圧倒的に少ないのが現状です。この現象は、明治末期に確立した、大学への進学のための「教育」が学校の行う教育だという観念を誰もが疑いなく抱いているための結果でしょう。

これまでの日本には、学卒者を採用した企業が、企業内教育訓練により職業人として育成するシステムが、職業教育の中心にありました。この組み合わせを人材育成の「重ね餅システム」といいます。それは日本の企業が維持していた終身雇用の強みを生かした教育システムでした。しかし平成不況により、企業は終身雇用を維持することをやめ、教育訓練を実施する手間を避けるようになりました。そして「即戦力」の人材を求めています。企業が長期間の雇用を前提とする人材育成を放棄したことが、フリーター＝未就職（社）者や派遣社員の氾濫につながったのです。

そして今、こうした問題に対応できない学校教育の問題に関心が高まっているのです。その正しい改革のためには「教育」の言葉の持つ意味と、戦後の教育改革がたどってきた道のりの再検討が必要でしょう。単なる学力論争では解決できません。学力世界一となったフィンランドの学校では、編み物をしている生徒を排除せず、そのような行動を黙認している、極めて個性を尊重した雰囲気で学習が行われているのです。

文部省は「教育」を受ける権利を担当する官庁として、「教育」を展開してきました。「教育」の言葉を使う限り、文部省だけを攻めても問題は解決しません。官庁は法令を守ることが業務だからです。進学のための「教育」から、国民一人ひとりが生きるために職業に就くことをめざした学習を誰が担うのか、という視点で日本の教育システムを再構築することが、いま問われているのです。

最後にお断りしておきます。本節で述べたことは日本人が共通して有している教育観であり、学校の教師の言動を述べているのではありません。学校の現場では、本節で述べた教育観に対峙し、苦悩して、よりよい教育を実践している少なくない教師がいます。ただし、そのような優れた教師が辞めているのも事実です。

読者の皆さんには、ここに紹介したようなわが国の「教育」の問題を克服するために、考え、そして実践して頂くように期待します。

〈主要参考文献〉

山住正巳編『福沢諭吉教育論集』、岩波文庫、一九九一年三月。
佐々木輝雄職業教育論集第一巻『技術教育の成立』、第二巻『学校の職業教育』、第三巻『職業訓練の課題』、多摩出版、一九八七年一二月。
宗像元介『職人と現代産業』、技術と人間、一九九六年一〇月。
小林順子編著『21世紀を展望するフランス教育改革』、東信堂、一九九七年二月。
永六輔「『教育』は良くない」、『教育をどうする』、岩波書店、一九九七年一〇月。

福田弘編著『人権・平和教育のための資料集』、明石書店、二〇〇三年七月。

田中萬年『仕事を学ぶ―自己を確立するために―』、実践教育訓練研究協会、二〇〇四年四月
田中萬年『職業訓練原理』、職業訓練教材研究会、二〇〇六年三月。

田中萬年『教育と学校をめぐる三大誤解』、学文社、二〇〇六年四月。

田中萬年『徒弟制度は人材育成の基本である』、全建総連ブックレット、二〇〇六年九月。

田中萬年『働くための学習―「教育基本法」ではなく「学習基本法」を―』、学文社、二〇〇七年一〇月。

第3節　雇用形態の多様化とキャリア形成

学校から職業への移行は、若者にとっては大切な、しかも避けて通れない課題です。この移行を経てそれぞれの職場で職業生活を営めるように、若者をいかに励まし支援するかは、いわゆる先進諸国では共通の課題になっています。わが国は長い間、この移行が例外的にうまく機能している国として諸外国からも評価されてきました。新規学卒者の就職率は、少なくとも一九九〇年代初めまではきわめて高い水準にあり、むしろ求人に苦慮する企業が多かったことは、記憶に新しいところです。こうした移行を支えるシステムが、その背景には存在していました。例えば高卒者の場合、学校が職業安定所の業務の一部を分担して行う就職斡旋がありま す。それに関連して、学校が企業から毎年一定数の求人割当を得るいわゆる「実績関係」や、最初の学校推薦を一人一社に限定する「一人一社制」と呼ばれる学校推薦の方法などがありました。

しかし、バブル崩壊後の不況の中で、こうしたシステムは十分に機能せず、フリーターやニートになる若者たちが少なくありませんでした。このような若者たちが一人前の社会人・職業人として主体的に職業生活を営めるように支援することを目的とする、キャリア教育という考え方が広まりました。その結果、インターンシップや進路指導、キャリア支援などの取り組みが広がりました。しかし、欧米に比べるとわが国のそれは見劣りのする状況です。本節ではまず、若者の雇用形態の変化を確認した後に、キャリア教育の実態を紹介しましょう。

(1) 非正規雇用の増加の状況～派遣労働と請負労働

近年、雇用状況が大きく変化していますが、全般的な傾向として注目されるのは非正規雇用が急増していることです。契約期間を設定しないフルタイムでの雇用である正規雇用は、今日の労働市場ではもはや絶対的多数といえる状態ではありません。被雇用者全体に占める正規の職員・従業員の割合は一九八五年には八〇%ほどでしたが、二〇〇四年には七〇%を割り込みました。[1]代わって増加したのはパートタイムやアルバイト等の非正規雇用です。一九八五年に二〇%ほどでしたが、二〇〇四年に三〇%を超え増加しています。[2]とくに一五～二四歳の若年層にその傾向が顕著で、二〇〇四年に四五%を超えました。[3]つまり、半数近い若者が非正規雇用で働いているのです。これには、さまざまな要因が考えられます。企業が即戦力の重視、IT等、変化の激しい技術への対応力を持つ人材の重視を採用方針としていることなどの事情もあるとはいえ、企業が正規雇用労働者の採用数を大幅に減らしていることが大きく影響しています。かつては長期雇用を前提とした大量一括採用が一般的でしたが、近年は正規雇用労働者の採用数を絞り込み、不足分をパートや派遣労働等の非正規雇用で補うという採用方法が急速に拡大しています。

第二次産業の就業者が大幅に減少し、その分第三次産業が増加していることも、このことに関連していると考えられます。代表的な第二次産業である製造業の高卒求人数は、一九九二年の約七一万人をピークに減少を続け、二〇〇四年には約八万人と、最盛期の一〇％程度までに減少しています。第三次産業のサービス業の求人数は、同じ時期に二二万人から六・四万人と減少しているとはいえ[4]、製造業と比べると減少幅は小幅です。サービス業では非正規雇用の割合が一般に高い傾向にあります。

このような状況の中で、正規雇用労働者として働きたくても働けない若者が急増しています。また、せっかく正規雇用労働者として就職できても、企業がぎりぎりまで社員の数を絞り込んでいるため、社員一人あたりの負担が大きく、長時間の過重な労働を求められることから、仕事を続けることをあきらめる人が増えています。所定外労働時間は、二〇〇二年七～九月期以降二〇〇四年一〇～一二月期まで一〇期連続で増加しています[5]。主要国の中でも、日本の労働時間は最長です（製造業生産労働者の年間総実労働時間）[6]。その結果、心身の健康を害したり、つらさに絶えかねて退職を余儀なくされる若者が多いのが実情です。

① 派遣労働

派遣労働とは、労働者と雇用契約を結んでいる会社が、労働者派遣契約を結んでいる依頼主に労働者を派遣し、労働者は派遣先の指揮命令に従って働くという働き方です。派遣先は、労働者から労務の提供を受けた後に派遣元に派遣料金を支払い、派遣元は派遣料金の中から派遣労働者に賃金を支払います。派遣労働者は、契約形態によって「登録型」と「常用型」に分類されているといわれます。登録型派遣労働者は、派遣元に氏名や希望する業務、スキル等を登録し、仕事の依頼を受けたときだけ派遣元と雇用契約を結び、派遣先で働くものです。派遣労働者全体の八割が登録型派遣労働者といわれています。

一九九九年六月には労働者派遣法の一部改正により、派遣対象業務が拡大されました。さらに、二〇〇〇年一二月には「紹介予定派遣」の運用が開始され、二〇〇三年六月に法的に明確化され、これにより新規学卒者であっても、初職から派遣労働を選択できることになりました。このように、派遣労働に関する規制が緩和され、派遣労働として若者を雇用することが企業にとって容易になっています。これを反映するかのように、労働者派遣事業所の派遣社員は二〇〇〇年の三三万人から二〇〇四年の八五万人へと、わずか五年間で二・五倍にも増えています。[7]

② フリーター・ニートのいま

フリーターを、年齢一五〜三四歳、卒業者であり女性は未婚者のうち、①職場での呼称が「アルバイト」「パート」の雇用者、②家事も通学もしておらず「アルバイト」「パート」の仕事を希望している無業者と定義して集計すると、二〇〇四年に二一三万人いるといわれます。二〇〇三年と比べると四万人減少していますが、一九九二年の一〇一万人と比較するとこの一〇年ほどの間に倍増しています。年齢別でみると、二〇〜二四歳の四一％が最も多く、二五〜二九歳が二九％、三〇〜三四歳が一七％と、三〇歳を過ぎてもフリーターを続けている若者が多数いることが注目されます。[8] また学歴別にみると、中学・高校卒が六七％と大半を占めていますが、大学・大学院卒も一二％程度います。[9] つまり、一般に就職に有利なはずの大卒者であってもフリーターになる可能性は決して低くないといえます。

一方、ニートとは、学校に行かず、仕事にも就いていない、職業訓練も受けていない状態の若者と言われます。玄田、小杉らの研究により、近年その存在が注目されていますが、実態は必ずしも正確に把握されていません。

無業者数（一五〜三四歳で、非労働力人口のうち家事も通学もしていない者）をみると、一九九三年の四〇万人から、二〇〇四年には六四万人へと六割も増加しています。年齢構成では、一五〜二四歳の二七万人に対して、二五〜三四歳が三七万人と、[10] 年齢の高い層に多いことが注目されます。

ＵＦＪ総合研究所「若年者キャリア支援実態調査」などの調査によると、多くのフリーターは、このままフリーターを続けるのではなく仕事に就くことを希望しています。また、無業者でも、仕事をしていないことについて、「あせる」「ややあせる」と考える者の合計は無業者全体の七五%を占めていますし、就職についても「多少希望と違う仕事であってもとにかく就職したい」「希望の仕事があれば就職したい」の合計は無業者で求職活動中の者の八六・五%を占めています[11]。大半の青年は、就職できていないことを肯定的にとらえていません。フリーターやニートになっている若者は、このままでよいと思っているわけではありません。むしろ多くは、この状態から脱して正社員として働きたいという希望を持っています。問題はその状態から正社員に移ることが難しくなっていることです。表三—一は、離職者が再度雇用者となった場合の雇用形態の変化を示しています。この一〇年の間に正規社員からでも非正規社員からでも、正規社員になることが難しく、非正規社員に甘んじる割合が増えていることがわかります。

表３—１　離職者が再度雇用者となった場合の雇用形態[12]

離職後の雇用形態	1990年	2004年
正規　→　正規	50%	35%
正規　→　非正規	10%	20%
非正規　→　正規	25%	17%
非正規　→　非正規	25%	40%

いったん非正規雇用になると正規雇用に就けなくなることには、多様な要因が考えられます。もっとも大きいのは、フリーター、ニートの採用について企業が厳しい方針をとっていることです。「正規従業員としても、非正規従業員としても採用するつもりはない」という企業は、「正規従業員として採用する」という企業よりもはるかに多いのです。フリーターを正社員として採用する場合でも、「プラスに評価する」は三・六％に過ぎず、「評価にほとんど影響しない」六一・九％、「マイナスに評価する」三〇・三％という状況です。[13]

このことに加えてフリーターには、在職中に教育訓練を受ける機会がほとんど与えられないこと、したがって職業能力を獲得したり、それを向上させることがほとんどできないことも無視できません。また職場でも、責任のある仕事、発展性のある仕事にはなかなか就きにくいのが実情です。こうした状況の中で、かつては二〇代後半になればなんとか正規雇用に就けていたものが、近年は三〇代になっても正社員になれないという事態が現実のものになっています。

(2) 進路指導と自己実現論

日本における学校から職業への移行、つまり学校経由の就職は、一九九〇年代前半までは比較的スムーズに行われてきました。しかし、過熱した受験競争と「偏差値教育」に災いされた進学一辺倒の進路指導、高校中退者の増加、さらに、七五三現象と呼ばれる中卒者、高卒者、大卒者の就職後三年以内における早期離職の傾向が問題視されて、学校教育における進路指導の改善が強く求められてきました。

進路指導は、「学校の教育活動全体を通じて」「計画的、組織的に」行われるように定められています。具体的には、学級やホームルームの活動、勤労生産・奉仕的活動等の学校行事、最近では「総合的な学習の時間」が活用されています。それは、単に、生徒が適切な進路（学校や学部、職業や企業）を選択するために行われる指導・援助に留まらず、卒業後においても進路上の問題や転機に際して、自ら判断して解決を図れる能力や態度の育成を目指すものです。すなわち、生徒の生き方や職業的な発達、あるいはキャリア発達を促す継続的な活動となっています。

日本の進路指導に大きな影響を与えてきた理論の一つに、アメリカのキャリア・ガイダンスやキャリア教育があります。これらの理論では、生徒の職業的な発達とパーソナリティの形成とを結びつけ、一連の職業選択・模索行動によって、生徒の自己理解が進み、職業的自己概念が達成されるといいます。職業の選択とは、職業と個人の間のマッチング（適合）を図ることではなく、職業的な自己実現を意味するのです。

　ところで、職業を天職と考え、転職を回避する意識は、最近の国際比較調査（下表）によれば、日本の若者（一八〜二四歳）により強く表れています。これと関連して、日本は職業選択で仕事内容を最重視する傾向にあります。転職は望ましくはないが、仕事内容に不満があるならば、早期にしかも自発的に退職するという若者の行動は、就職を自己実現の重要な経路とみなす若者が多いことによるものと思われます。他方、アメリカ、韓国のように就職を社会的自立（生計）の重要な手段と考える若者も見逃すことはできません。

(3)　キャリア教育14

　「キャリア教育」は教育の用語としては比較的新しいものです。比較的新しい教育学関係の事典でもこの用語はほとんど出ておらず、教育学の用語として定着しているとはいえません。日本の文部科学省関連の審議会で最初にこの用語が使

（%）	(1)転職に対する考え方 A 消極的	 B 積極的	 不明	(2)職業選択の重視点（複数回答） 仕事内容	 収入	 労働時間
日本	63.3	32.1	4.6	68.6	64.9	44.9
韓国	51.4	46.7	1.9	43.0	76.2	36.8
ドイツ	36.5	60.3	3.1	62.5	64.5	—
アメリカ	24.4	71.2	4.4	53.3	83.5	70.2

備考：A．一生１つの職業に就く。転職やむなし。
　　　B．不満があれば転職よし。転職はよい。

出典：内閣府『第７回世界青年意識調査結果』平成16年

用されたのは、一九九九年一二月、第一七期中央教育審議会答申「初等中等教育と高等教育との接続の改善について」だといわれています。この答申では、「学校教育と職業生活の円滑な接続を図るため、望ましい職業観・勤労観及び職業に関する知識や技能を身に付けさせるとともに、自己の個性を理解し、主体的に進路を選択する能力・態度を育てる教育」をキャリア教育としています。その後、二〇〇二年一一月に、文部科学省内に「キャリア教育の推進に関する総合的調査研究協力者会議」が設置され、二〇〇四年一月には同会議の最終報告書が発表されています。ここでは、「児童生徒一人一人のキャリア発達を支援し、それぞれにふさわしいキャリアを形成していくために必要な意欲・態度や能力を育てる教育[15]」としています。つまりキャリア教育とは、児童・青年のキャリア発達を促し主体的な進路選択能力の育成をめざす教育ということができます。

一方、中学校や高校の教育内容の基準を示す学習指導要領をみても、この用語は用いられていません。同様の趣旨と思われる活動として、例えば、中学校では、特別活動の中の学級活動の一環として、「学業生活の充実および将来の生き方と進路の適切な選択（選択決定）に関すること」で、進路適性の吟味（理解）と進路情報の活用、望ましい職業観・勤労観の形成、主体的な進路の選択と将来設計など」となっています。高校では、特別活動の中のホームルーム活動の一環として、「学業生活の充実および将来の生き方と進路の適切な選択決定に関すること」で、進路適性の理解と進路情報の活用、望ましい職業観・勤労観の形成確立、主体的な進路の選択決定と将来設計など」となっています。

キャリア教育に含意されている内容は進路指導や職業教育と重なる部分が少なくありません。前記会議の報告書は、これらとの差異について以下のように説明しています。「従来の進路指導は、一人一人の発達の組織的・体系的な支援や、指導計画における各活動の関連性や系統性が希薄である」として、進路指導の現状を抜本的に改革するための教育的取組としてキャリア教育を位置づけています。一方、職業教育については、「職業従事に必要な知識、技能、態度の習得を目的に実施されるものであり、専門的な知識・技能の習得のみを重視し、生徒のキャリア発達支援の視点に立つ指導が不十分」としています。働くことの意義や専門的な知識・技能習得の意義を理解し、その上で科目・コース・将来の職業を自ら選択し、専門的知識・技能の意欲的習得を促す指導としてキャリア教育の必要を説いています。

しかし、キャリア教育で示される具体的内容は、進路指導や職業教育においても、従来から意識され一部ではすでに取り組まれてきたものであり、特別目新しい内容が含まれているとはいえません。

進路選択に関わる実践の実施状況を、文部省初等中等教育局（一九九九年）『中学校における進路指導に関する総合的実態調査報告書』[16]によって、見てみましょう。やや古いのですが、

表３―２　生徒を対象とした進路指導に関する諸活動の実施状況

進路相談	97.1％
高等学校など上級学校への体験入学	90.5％
「進路だより」などの発行による進路情報の提供	74.0％
高等学校など上級学校の関係者を招いて行う学校説明会	68.9％
職場の訪問や見学、職業の調査・研究	28.0％
職場・福祉施設等における体験学習	42.8％
卒業生による体験発表会	27.8％

全国の中学校の状況を理解することができます。「生徒を対象とした進路指導に関する諸活動の実施状況」を中学校三年生についてみると、表三―二のとおりです。

従来から指摘されているように、高校等の上級学校への進学に関する情報提供等の活動は熱心に取り組まれているけれども、職業を理解したり、体験するなどの活動はきわめて不十分な状態です。（同報告書、一〇頁）。

今回のキャリア教育の目玉の一つとされている職場体験・インターンシップの実施状況をみると、職業学科八一・八％、総合学科七六・二％、普通科三二・〇％であり、参加した生徒の割合では、それぞれ三八・五％、四〇・一％、五・五％です。全体としてみれば実施校が最近増加していますす。しかし、普通科は他学科と比べると、インターンシップの実施校は少なく、参加生徒の割合は著しく少なくなっています。中学校の職場体験は、実施学校数として実施率八六・九％に達していますが、実施期間は二日以内が全体の六割以上を占めています（一日四七・三％、二日二三・九％）。このように学校における職業を知るための活動は、きわめて限定的に取り組まれているにすぎません。

キャリア教育が行政レベルで取り上げられるようになった背景には、先に述べた青年の就職をめぐる状況や、彼ら自身の職業に対する行動の変化があります。しかしフリーターやニートになる若者が増える現状を放置すると、国の経済発展や社会システムにも将来的に深刻な影響を与えかねないとして、文部科学省や厚生労働省などの関係四省庁により、「青年自立・挑戦プラン」が二〇〇三年発表されました。このプランには、各省庁の取組が示されています。文部科学省の取組として盛り込まれたのがキャリア教育・職業体験の推進です。（ちなみに、厚生労働省は「日本版デュアルシステムの推進」などを盛り込みました。）つまり、キャリア教育は教育現場の切実な要求というよりも、このような状況を打開する政府の総合施策の一環として提起されているのです。そこでは、学校で将来の職業生活をふまえた指導が十分に行われていないことが就職難やフリーター増加の一因とされ、その改善のために学校教育のあり方、とくに進路指導関係の活動のあり方が指摘されています。

しかし本来、就職難やフリーター増加は産業構造の変化や政府や企業の労働力政策こそがまず問われるべきです。教育のみに責任があるわけではないことは明らかです。まして若者個人の能力や資質の問題ではありません。そもそも、キャリア教育でこうした事態の改善を図ることにも無理があるといわなければなりません。インターンシップ・職場体験は、実施に当たって多くの問題を抱えており（学校の指導体制の整備や時間確保、受け入れ企業の確保・企業の受け入れ体制の整備等）、中学校・高校で十分に普及していないこともそれが一因となっています。キャリア教育の概念も必ずしも明確とはいえず、多くの実施上の困難・課題を抱えるキャリア教育よりも、まず取り組むべきは小中高校の各段階で一貫した技術教育の実現であり、そのための条件整備ではないでしょうか。これらの点は技術教育や職業教育のあり方について研究している民間教育研究団体が従来から主張してきたことですが、顧みられることは少なく依然として実現していません。とくに高校普通科は、学科別で最大の高卒就職者をかかえているにもかかわらず、職業教育に関する取組みが大きく遅れています。この厳然たる事実をふまえ、その原因を分析すること、それに基づいて有効な対策を講ずることこそが、まず求められるのです。

1　厚生労働省、二〇〇五、『労働経済白書　平成一七年度版』、国立印刷所、p．一四
2　同書、p．一四
3　同書、p．二九八
4　同書、p．二九六
5　同書、p．四三

6　同書、p．四六
7　同書、p．一五四
8　同書、p．二七八
9　同書、p．三〇一
10　同書、p．三〇一
11　同書、pp．三〇二—三〇三
12　同書、p．一六一　第２—(1)—26図より作成
13　同書、p．三三三
14　以下の記述は、拙稿（「キャリア教育」、斉藤武雄・田中喜美・依田有弘編著　二〇〇五、『工業高校の挑戦』、学文社所収）を一部修正したものである。
15　『キャリア教育の推進に関する総合的調査研究協力者会議報告書』、二〇〇四、p．七
16　文部省初等中等教育局、一九九九年、『中学校における進路指導に関する総合的実態調査報告書』

第4節　大学でのキャリア教育と揺れる大学生

前節では中学校、高校でのキャリア教育をみてきましたが、ここでは、多くの若者が最終的に進路選択を迫られる大学段階でのキャリア教育の実際や、それが大学生の職業的自立にどう関わっているのかをみていきます。

(1)　大学キャリア教育の隆盛

一九九〇年代後半からの経済状況の低迷を直接的な契機として、新規学卒者の就職状況の悪化が大きな社会問題になっています。深刻な就職難は高卒者を直撃しましたが、相対的には優位にあると考えられた大卒者にも少なからぬ影響が出ました。就職氷河期と言われたこの時期、フリーター、ニート問題が注目されました。大卒無業者（卒業時点で進学も就職もしない者）は、近年二割にものぼります。また、就職者も三年以内に会社を辞めるものが三〜四割に達しています。

高校と比べて反応の遅かった大学も、一八歳人口の減少による入学者確保問題、入学の容易化による多様な学生の存在、不況による就職難、一九九六年の就職協定の廃止等々の影響を受けて、私立大学が先行するかたちでキャリア教育が急速に広がっています。ほとんどの大学で、インターンシップやキャリア形成論、キャリアデザイン論などの名称の講義が行われています。二〇〇五年度には全体の三分の二の大学が、職業意識の形成に関わる授業科目を開設しています。

インターンシップは、多くは三年生が夏休みなどに二週間程度行っているようです。ねらいは、一般的な職業観・勤労観の育成から、工学部などの専門教育の一部としてのものまで多岐にわたりますが、最近では事前の就職活動として意識する学生もいるようです。

また、キャリア形成論などの講義では、大学教員がコーディネーターとなって外部講師の講演を聴かせたり、自己分析の指導などが行われています。これまで大学教育では、学生の進路は基本的に本人の主体的判断に委ね、卒業年次の個別の就職相談や斡旋に限られていました。しかし、先に述べたような理由から、大学として学生の進路選択に組織的に関与する必要が認識され始めたといえるでしょう。では、大学でのキャリア教育の内容を見てみましょう。

(2) 大学でのキャリア教育

大学で行われているキャリア教育の内容は多様で、一様にその特徴を明示できませんが、その主たる傾向はある程度つかめます。ここでは国立大学を中心に行われているキャリア教育を調査してまとめられた、国立大学協会教育・学生委員会の「大学におけるキャリア教育のあり方 ―キャリア教育科目を中心に―」(二〇〇五年一二月)をもとに、大学でのキャリア教育の内容をみていきます。

この文書は、キャリア教育科目の重点目標として、①夢や目標を育む②職業観を育む③自ら考え学ぶ力を育む④自己表現力を育む、の四つを掲げています。このうち、後に見るように、③と④は取り分けてキャリア教育科目を設けて行わなければならないような内容とは思えません。例えば、③では「問題・課題意識を持って、見る・聞く・感じる」「情報を整理し、自分のものにする」、「伝える・行動し解決する」などの内容が、④では「論理的思考やコミュニケーション能力」があげられています。これらは、あえてキャリア教育科目を特設して教える必要があるのか疑わしいものです。これらの目標は、むしろ大学での教育全体で培われるべき内容で、キャリア教育に含まれる理由は、端的に言って企業への就職に当たってこれらの能力が問題視されていることにあると思われます。

キャリア教育といわれているものには、この例にあるように、その課題に「生き方」や「人生観」などの大問題を含ませる傾向があります。その結果、課題が余りにも大きくなり、結局、何が課題か曖昧になってしまうことになります。そもそも「生き方」や「人生観」を教えられるものなのでしょうか。

そこで、キャリア教育本来の課題と考えられる①と②に絞って、その内容を見てみましょう。まず①「夢や目標を育む」では、「生き方や価値観が多様化していく中にあっては、ますます個々の生き方は重要になってくる。鮮やかな個性を確立し、あるべき姿から生き方を考えることが求められている」として、学生に「夢や目標を持ち、キャリアビジョンを描いて自己実現する」姿を求めています。

②「職業観を育む」では、「働くことは金のため／生きる手段－夢はあるが仕事以外　趣味や私生活のため」、「働くことは金のため／生きる手段－夢はない／曖昧」という二つの職業観に、「働くことは生き甲斐／自己実現　夢＝仕事にしたい」という職業観を対置して、これが望ましい職業観だとしています。説明では「現実には、三分の二が」はじめの「二タイプと見られ、フリーター・ニート予備軍と言える」とされています。

それでは次に、こうした目標を達成するための学習内容を見ていきましょう。その一つがキャリアデザインです。ここでは、まず自己発見、自分を知る、自分と向き合う、動機を探るなどの自己理解（自己探索）（大切にしたいことをつかむ）を経て、社会・産業の変化、社会が求めるスキル、企業文化・風土・制度、就職選考過程などを知る外部環境理解（社会・企業研究）（その大切にしたいことを表現する場を見つける）に進み、最後に行動計画、対策を立てる、行動を起こすというキャリアデザインに至るという流れが示されています。とりわけ第二の外部環境理解については、次のような認識が示されています。文書は「これから生きていく社会や所属組織の期待は厳然としてあるわけで、それらをきちんと示すことは大学におけるキャリア教育の責務だと考えたい」として、「行政や企業と連携して共通ビジョンを目指す取り組みが期待される」と述べています。このビジョンを具体的に表すものが、キャリア教育が目指す「求められる人材像」です。それは端的に「たくましく生きる力」だとされています。就職の選考過程では、「夢を持ち、挑戦し行動する」というメッセージを発信する学生が求められている」というわけです。

以上が、あるべき大学でのキャリア教育の姿とされています。いろいろなことが述べられていますが、ここから読みとれるメッセージは、つまるところ現在の企業が必要としている人材像そのものではないでしょうか。リクルート雑誌によく出ている、企業の人事担当者の「わが社はこういう人材を求めている」という談話とどれほどの違いがあるのでしょうか。それでは、こうしたメッセージを学生はどう受け止めているのでしょうか。

(3) 就職に揺れる学生

これまで述べてきたキャリア教育を受ける学生は、就職を含む進路選択にどのように対応しているのでしょうか。大学入学時に進路がほぼ確定している医学部、薬学部などの一部の学部の学生を除くと、ほとんどの学生は漠然とした進路意識のままで入学してきます。多くの学生は三年生の夏休み明け頃から進路決定を意識し始め、一〇月から一一月にかけて周りの学生の動きにつられてとりあえず就職サイトに登録します。登録すると、洪水のごとく会社情報が送られてきて、ようやく就職活動の実感が生まれてきます。年明けから就職活動は本格化し、セミナーや会社説明会が開かれはじめます。そして学生は、エントリーシートの作成に追われ、いよいよ一部上場企業の会社を中心に筆記試験や面接が始まります。三月から四月にかけて街にはリクルートスーツに身を包んだ学生があふれます。この段階で早々と内定を取る学生が出てきます。五月から六月にかけて大手企業を中心にほぼ採用が終わり、就職活動の前半が終わります。一方、公務員や教員の採用試験は七月から九月にかけて本格化します。さらに、秋口から年末にかけて後半戦が続きます。

この間学生は、エントリーシートの記入、面接においてはじめて社会の現実と向き合うことになります。手帳にぎっしり書き込まれたスケジュールに追われ、駆け回る生活を送ります。

建前では差のないはずの男女差別、学校歴差別の現実にも直面します。何度も面接を落ちて「自分は社会に必要とされていない」と落ち込みます。中には圧迫面接などと称して、いじめとしか言いようのない面接もあります。複数の内定を早々にもらう学生もいれば、なかなか内定のでない学生もいます。そうした多くの学生は、ともかく内定をもらうことに集中し、早く就職活動を終えたいと思います。ある学生は、「値踏みされる生活に疲れました」という感想を漏らしています。

こうした中で、就職活動をやめてしまう学生が出始めます。あるいは「内定ブルー」といって、内定を得たものの本当に自分はこの会社でよかったのだろうかと不安になる学生もいます。希望した会社の内定を得る学生は、全体の数からすればほんの一握りです。多くの学生は、はじめは想定していなかった会社に決まるのです。そして、これほど膨大な時間とエネルギーを費やして入社したにもかかわらず、三年後にはほぼ三割の人がその会社を辞めていくのです。

ここに述べた就職へのプロセスは、ともかく就職活動の流れに最後まで乗った学生の場合です。実は、三〜四割の学生は、はじめから就職活動をしないか、中途で脱落してしまいます。彼らの中には、大学院進学や専門学校入学などをめざす者もいますが、進路が決定できずにいる者もいます。進学者の中には、進路決定を引き延ばすモラトリアム的な進学者もかなりいると推定されます。彼らの中には、「やりたいことがわからない」「自分に向いている仕事がわからない」という学生が多くいます。

学生は、エントリーシートの記入や面接を実際に体験することによって、なんとなく大学のキャリア教育で強調された「自己分析」や「自己発見」の意味が分かってきます。「本当にやりたいことはなにか」、「自分に向いている会社はどんなところだろうか」が、実際にいろいろ経験することによっておぼろげに浮かび上がってきます。しかし、この段階ではじっくり吟味する余裕はありません。まわりでは次々に内定が出たという話が飛び交い、焦りが生じてきます。こうした不安を脇において、内定を得るための努力を継続したほとんどの学生は、卒業までに就職先が決まります。しかし、ここで真剣に悩み始める学生は、先に述べた内定ブルーで内定を辞退したり、就職活動をやめたりします。彼らを一概に批判できるでしょうか。確かに、もっと早くから進路を考えるべきである、贅沢だという批判はあります。しかし、中年以上の多くの大人は、キャリア教育などもなく、就職時それほど確かな「自己分析」や「会社研究」をして就職したのでしょうか。ほとんどは、偶然や成り行きの結果ではないでしょうか。昔は、卒業すれば就職するのは当たり前の時代でした。人々は、偶然の進路の中でそこそこ適応し、「自己実現」してきたのです。

近年、国際的に若者の進路選択過程は長期化し、「ヨーヨー型」といわれるような、多くの試行錯誤を含む非直線的なプロセスになってきています。欧米諸国では、さまざまな問題を含みながらも、こうした青年期の自立過程を保障するシステムが機能しています。例えば、企業への就職に年齢制限があったり、新規学卒時でなければ圧倒的に不利になるわが国の雇用慣行は欧米にはありません。この二つの条件を変えるだけでも、日本の生徒、学生の進路選択問題や青年失業者の雇用問題のかなりの部分は軽減されるでしょう。国際的な視野から見ると日本の大学生が就職に揺れる姿は特殊な問題ではありません。キャリア教育が不足していたから、学生の自己分析が弱いから、と学生に原因を押しつけるのではなく、雇用慣行や職業能力開発の仕組みで職業探索期の若者を支援する方法を検討すべきなのです。次にこうした観点から、いまの大学でのキャリア教育の問題点を考えてみましょう。

(4) 大学のキャリア教育の問題点

まず第一の問題は、キャリア教育の範囲・課題があまりに広すぎる点です。既に指摘したように「自ら考え学ぶ力を育む」や「自己表現力を育む」などの課題は、大学教育そのものの総合的な課題で、とりたててキャリア教育に特化する必要はないと思われます。たしかに、就職活動に当たってこれらの力が結果として成否を左右することは事実で、キャリア教育においても無視できない課題でしょう。エントリーシートの書き方や面接などの指導は必要な課題でしょうが、それはノウハウ的なものに限られます。「それも必要ではあろうが、そんなものはすぐ見破られる、大事なのは本当の自己学習能力や自己表現力だ」というわけです。それはそうですが、では本当の自己学習能力や自己表現力がキャリア教育で育成できるのか、それが本質的な課題なのかという疑問です。

さらにこれより広がって、キャリア教育で「生き方」や「人生」というような途方もない大きな課題を扱おうとする傾向も見られます。有名な経営者の講演などで人生訓を聞かせるなどといった事がキャリア教育の内容になったりしています。もちろん、それなりの教育的意義はあるでしょうが、ここまでキャリア教育の範囲を広げることは、かえって提示するモデル像が固定的になり、キャリア教育のリアリティを欠く結果になると思います。先に紹介した職業観にしても、「働くことは生き甲斐・自己実現」というモデルは、多くの人にとっては現実ではありません。ある高校の進路指導担当教員は、次のように言います。「生徒達は、私らしさだとかやりがいを求めてしまいます。しかし私ははっきり言ってます。『やりたいことは仕事が終わってからやれ。自己実現だとか私らしさを求めるな。食うために働け』と。」これが現実であり、こうした生き方も視野に入れたリアルな職業像・労働像を提示すべきではないでしょうか。

第二の問題点は、既に多くの論者が指摘するその心理主義的傾向です。現在のフリーター・ニート問題や、学卒の無業者の増加などは、非常に複雑な要因の結果であることは明らかです。最近の研究では、フリーターやニート、学卒無業者を詳しくみていくと、かなりの部分が就職・労働を希望しながら、厳しい雇用環境や労働環境、地域経済の不振の中ではじき出された結果であることが分かってきています。とりわけ、正規雇用の急減が大きな要因となっています。こうした、客観的困難が若者の「勤労観」「職業観」と共振して、若年労働問題として露呈していると思われます。

この困難を乗り切る切り札としてキャリア教育に大きな期待が寄せられているのですが、そこではもっぱら生徒・学生の「心がまえ」＝「職業観」「勤労観」の育成、今風にいえば「エンプロイアビリティ」の獲得が強調されます。こうした点では前節で見た、中高生でのキャリア教育の基調と同じです。

キャリア教育には「気づき」や「自己実現」、「自己分析」「自己発見」「自分さがし」などの用語があふれています。これまでの自分の人生を振り返り、何を大事にしてきたか、何をしたいか等々を書き込む自己分析シートなどを前に、多くの学生は頭を抱えます。個性を大切にといいながら、企業が求めるエンプロイアビリティにいかに自分を近づけるかが、実際のキャリア教育の課題となります。

企業に就職する場合、市場競争原理での利潤追求活動を行う企業は当然、厳しい競争に勝ち抜くたくましい人材を要求します。積極性、協調性、責任感、リーダーシップ、行動力、探究心を兼ね備えた人材が理想の企業人材像です。

しかし、こうした資質を持ち合わせた人間が一体どれくらいいるのでしょうか。一般的にはこれらの資質を身につけるよう努力することはよいことでしょう。しかし、キャリア教育における心理主義の問題点は、就職がうまくいかない場合、その人にこれらの資質が欠けていることにその要因があると考えさせる点にあります。端的に言って、バブル期の大量採用の時期には、これらの基準は二次的なものでした。ですから、エンプロイアビリティは、雇用の需給関係において相対的なものに過ぎないのです。にもかかわらず、これが絶対的なものであるかのごとく学生に認識させる点に問題があるのです。

すなわち、キャリア教育の心理主義は、進路問題の主たる原因を、個人としての人間の内面のありように求め、問題の社会的な側面を見過ごすか軽視することにその特徴があるのです。就職がうまくいかない原因が、ひたすら個人の資質にあるかのように学生に思い込ませかねないのです。すべて個人の問題、本人の責任とされるのなら、何度もダメ出しされる就職活動を続けることは、自己否定以外のなにものでもない拷問に近い作業となるでしょう。こうして就職戦線から離脱する学生がいかに多いことか。

第三に、そのことと関わって大学でのキャリア教育が、大学教育の一部として位置づけられていないことです。多くの大学では、キャリア教育の全部あるいは一部を外部のリクルート関係や学習産業あるいは企業退職者などが作るNPOなどに委ねています。すでにこの分野はこれらの企業や団体にとっては一大ビジネス市場となっています。これら外部機関のキャリア教育の内容は一律に性格付けできませんが、実際に行う人のほとんどが企業OBなどのため、概ね企業（採用）側のニーズに基づく内容となるのはやむを得ません。それゆえ、先に述べたキャリア教育の問題点をそのまま反映したものとなっています。

これに対し、本来の大学においてあるべきキャリア教育は、学生それぞれが学ぶ専門の学習と直結はしていなくとも、大学での学問の本質である批判的創造的な要素を含むものであるべきではないでしょうか。少なくとも、本章第1節で述べたように、学生個々人の進路決定や就職問題のとらえ方に、社会的な観点もふまえたキャリア教育が構想されるべきではないでしょうか。雇用の厳しさの具体的様相、その原因、今後の展望、それらの中での進路の模索などの観点が大学教育ならではのキャリア教育にとって重要ではないでしょうか。

本来の大学教育を着実に行うことが、キャリア教育でも重視されている自己表現力や論理的思考能力、コミュニケーション能力などを養成することになることは明らかです。これらの能力は、普段のゼミでの発表、討論、レポート作成などの活動を通して養うことが基本です。実際の学習の内容と切り離したところで、こうした能力を育むことは困難でしょう。大学本来の教育と深く結びつけてキャリア教育を考えることが大学にとって必要なことだと思われます。

(5) 大学でのキャリア教育の課題

最後に以上の問題点をふまえた上で、大学でのキャリア教育の課題をまとめておきます。まず第一に、正しい進路情報を学生に知らせることです。多くの学生は進路について漠然とした情報しか持っていません。実際に就職活動を始めて、認識の間違いに気づいたりイメージの違いに戸惑うことが多いようです。

例えば文系の場合、大学院への進学が企業への就職に必ずしも有利な条件にならないことを知らない学生が多く、あるいは、持っている資格が多ければ多いほど就職に有利だと思っています。さらに、学生は彼らの日常消費生活で見聞きする企業を志向する傾向が強く、その他の重要な産業や企業についてほとんど知りません。最近急激に成長している企業がいい会社だと思っている、等々。こうした基本的な情報は、正確に学生に伝える必要があります。

第二にそのことと関わって、雇用をめぐる客観的状況を認識させることが重要です。例えば、正社員、派遣社員と契約社員など、雇用形態の問題やその得失、業界ごとの採用形態の違いなど。あるいは、フリーター問題等で指摘される、新規学卒就職が圧倒的優位であることの情報。つまり、ゆっくり考えて卒業後就職しようと考える、いわゆる「とりあえずフリーター」の不利についての情報。筆者は、フリーターを否定するものではありませんが、こうした情報を知った上での選択でないケースが相当多いことを問題にしています。

第三に、自己理解や自己分析といわれる問題についてです。筆者は、基本的にこうした課題は、実際の出来事や他者とのかかわりの中でしか分からないことだと考えています。各種適性検査や心理テストは、参考にしつつも重視も軽視もしない姿勢が大事だと思います。学生は適性や性格をややもすれば固定的にとらえがちですが、もっと動態的にとらえる観点を身につけさせることが大事です。人間は適応力が大きい存在ですし、適性があっても職場の人間関係が悪ければ仕事は続けられません。逆に適性がなくとも、よい仕事仲間の中で楽しく仕事をするケースもあるでしょう。人間の労働は、それほど単純なものではないのです。

その意味で、インターンシップやアルバイトの中での他者とのかかわり、サークルやゼミ活動での経験を自覚的にとらえることによって、自己の特性把握のみならず発達課題の自覚が生まれてくることが大切です。就職活動の中で学生が成長するのも、そういうことなのだと思います。学生のこうした人間としての成長を支える仲間や先輩あるいは教師の存在が大変重要です。

以上が、大学でのキャリア教育の課題としてまとめられますが、こうして整理すると案外その範囲は狭いものとなってしまいます。しかし、筆者は本来大学でのキャリア教育とはこの程度の範囲に収まるし、また収めなければその本来の機能も果たせないものだと思っています。

〈参考文献〉
社団法人国立大学協会　教育・学生委員会「大学におけるキャリア教育のあり方―キャリア教育科目を中心に」二〇〇五年
香山リカ『就職がこわい』講談社　二〇〇四年
坂井希・伊藤彰男『就職難に気が重いあなたへ』新日本出版社　二〇〇三年

第5節　熟練形成の社会的基盤

すこし前に、高校での必修科目である世界史の未履修が問題になりました。教育界でおきたこの一つの現象が示す熟練形成の課題の根底に、日本の資格制度が未熟な状態にあることがあげられます。諸外国の熟練形成の社会的基盤の中心には、教育訓練の目的・目標の基準となる資格制度があります。本節では、この資格制度に対する日本の曖昧な取り組み姿勢を諸外国の例と比較しながら紹介します。そして最後に、今後の取り組みの方向を示します。

(1)　ゆとり教育が失敗したと誰が決めるのか

ここ数年、教育基本法や学習指導要領の改正に話題が集まっています。その少し前に、「ゆとり教育が失敗だったのではないか」という議論が活発になされました。その主旨は、「ＯＥＣＤによる国際的な学習到達度調査で、日本の一五歳の学力が大きく順位を下げてしまった。これは、ゆとり教育の弊害ではないか。」といったものでした。その後、文科相は「脱ゆとり教育」を中心とした学習指導要領の見直しを指示し、現在に至っています。

ゆとり教育がＯＥＣＤ調査での学力順位低下要因の一つになったかもしれません。しかしそれを取り上げて「脱ゆとり教育」に突き進むことは、妥当なのでしょうか。ここで指摘したいのは「ゆとり教育」を見直すべきか否か、ということではありません。「ＯＥＣＤ調査で学力順位が下がったからゆとり教育を見直す」という議論の展開方法に注目します。

まず疑問に思うことは、「ゆとり教育」をはじめた「目的」に言及しないことです。「ゆとり教育」は、「生きる力」や「確かな学力」を育成することを目的に始まりました。ここで目的にしていた「生きる力」は、「ゆとり教育」によって育成できなかったのでしょうか。ＯＥＣＤ調査の「学力」と「生きる力」は同種の〝力〟なのでしょうか。現在の議論は、この点が抜け落ちています。ゆとり教育はもともと「生きる力」の育成を目的としていたのに、現在の議論では、いつのまにか教育の目的がＯＥＣＤ調査における学力順位を高めることに置き換わっているのです。「生きる力」の育成方法とＯＥＣＤ調査における学力順位を高めるための育成方法は自ずと異なり、場合によっては両立しないかもしれません。文部科学省がゆとり教育を推進したとき、教員に対して、「生きる力」を育む教育をしなさいと指示し、教員は教育実践の場で「生きる力」を育成しようと努力してきました。もしかしたら「生きる力」は向上しているのかもしれません。しかしそれは評価されず、ＯＥＣＤ調査での学力順位が下がったから、あなた方の教育方法は間違っていた、といわれているのです。このような、ゆとり教育やこれを実践してきた教員に対する評価のしかたは、フェアではありません。いわゆる闇討ちです。日本で教育や能力開発の議論をするとき、このような目的・目標のすり替えがよく行われます。教育の目的・目標が定まらないということは、つまり、どのような教育をすればいいのかが定まらないということです。それがどのような問題を引き起こしているか、このあと日本のいくつかの事例と諸外国の例を比較しながら紹介します。

(2) 世界史未履修問題が示すもの

二〇〇六年秋、高校での必修科目である世界史を履修させなかった高校が見つかったことが大きな問題となりました。高校側の言い分は、「大学入試に対応するためには、世界史の時間を入試科目にあてなければならなかった」、「特に地方の高校で都会のように予備校や塾がない地域では、学校が受験対策をする必要がある」と、他の科目の時間を少なくしてでも入試科目に力を入れる必要性を訴えました。当事者である高校生は「世界史が必修であることを知らなかった」、「大学受験に必要ない科目を学習する必要はない」、「本来学習すべき科目はやはり学習すべき」など、さまざまな立場の意見を述べていました。

高校が大学入試に必要な能力を習得する場であるとするなら、入試に必要な科目に力を入れるべきとする意見は、当を得た意見ということになります。しかし、学校教育法や学習指導要領に定められている高校あるいは各科目の目的・目標は、大学入試に必要な能力の習得をめざしているわけではありません。例えば世界史Ａの学習指導要領では、その目標を「近現代史を中心とする世界の歴史を、わが国の歴史と関連付けながら理解させ、人類の課題を多角的に考察させることによって、歴史的思考力を培い、国際社会に主体的に生きる日本人としての自覚と資質を養う。」としています。学校教育法に示された高校の目的は、このような資質を持つ有為な人材を育成することにあるのです。

世界史の未履修問題を解決するために高校は、生徒の卒業までに、世界史の授業を履修させるとコメントしていました。しかし教員の人数や時間数の確保の問題から、一学年全員を体育館に集めて、壇上で一人の教員が指導するような授業を実施していました。このような授業の方法で、学習指導要領に示された「～国際社会に主体的に生きる日本人としての自覚と資質」を養う学習ができるのか、はなはだ疑問です。

ここで言いたいことは、世界史を履修させなかったことや世界史を必修科目としていることと、あるいは国が高校で学習する内容を学習指導要領で規定することの是非を問うことではありません。わが国の高校の卒業証書が、例えば世界史の履修に関して、世界史を履修した生徒の能力をなんら保証するモノではないという事実なのです。これは世界史に限らず他の科目についても同じです。つまり日本の学校、あるいは教育システムは、その教育を修了したときに、ある能力を有していることを保証するという意識が希薄なのです。これは日本の場合、小学校から大学、大学院まで同じです。例えばイギリスの学校では、学校卒業と各科目の習得を証明する資格ＧＣＳＥは別のモノで、学校卒業後の進学や就職で提示を求められるのはＧＣＳＥなのです。つまり諸外国では、学校などの教育の修了生が、自身が有している能力を証明する社会的基盤として、「資格」が設定されているのです。

この本の読者の中には高校を卒業している方が多いでしょう。あなたは「～国際社会に主体的に生きる日本人としての自覚と資質」を有していますか?

(3) ＪＡＢＥＥが示すもの

このような日本の状況から、技術者教育について「高等教育機関で行われている教育活動の品質が満足すべきレベルにあること、また、その教育成果が技術者として活動するために必要な最低限度の知識や能力（Minimum Requirement）の養成に成功していることを認定する」[1] ＪＡＢＥＥという活動がはじまりました。〝ある大学〟を卒業したというだけの技術者では、どの程度、技術者としての役割を果たせるのかわからない。したがって、〝この大学のこの教育課程の卒業生〟であれば、技術者としての役割を果たせると認定しましょう。という取り組みです。

このような認定をするのは、かなり気を遣うことでしょう。なにしろ、その教育課程を卒業した卒業生が企業に就職したときに「技術者として活動できる」ことを認定しているのですから。卒業生が技術者として満足な活動ができなければ、ＪＡＢＥＥ認定に対する疑念の目が向けられます。大学卒業生は技術者としての能力が疑わしいと疑念の目が向けられてＪＡＢＥＥを作ったのですから、ＪＡＢＥＥが信じられなくなってまたその上に認定が必要となれば、ＪＡＢＥＥは何のための認定かということになります。（もっとも大学の卒業証書が信用されていないのが問題の根本なのですが…）

そうしたこともあって、ＪＡＢＥＥの認定を受ける大学や授業を担当する教員、学生にはかなりの覚悟が必要です。ある科目の単位を認定するとき、授業に出ていたから認定するということでは、通りません。一定の基準を設定した試験やレポートを実施し、これに合格しなければ単位認定されないのです。これらの単位認定基準や試験実施結果は、学生が学習目標に到達したことを証明する根拠資料として、ＪＡＢＥＥ認定の審査対象となります。つまり、試験の成績が悪いからとゲタをはかせることもできず、試験の内容を簡単にすることもできないのです。その教育課程に入った学生は、一定のレベルに到達しないかぎり卒業できないのです。こんなこと当たり前と思うでしょうか。厳しいなと感じる人も多いのではないでしょうか。ＪＡＢＥＥが示しているのは、つまり、日本の大学卒業は一定の能力の修得を保証していないということなのです。

(4) 医師の臨床研修が義務化されたとはどういうことか

大学のプログラムを認定するという活動に、何となく不思議な制度だなと感じる人がいるかもしれません。卒業生個人が技術者としての能力を持っていればいいのだから、卒業生に対して、技術者としての能力を持っていることを証明するための資格制度があればいいと考えるのではないでしょうか。確かにその通りで、医師や薬剤師、弁護士、建築士など多くの資格は、その教育課程の修了を受験資格とする資格認定のための国家試験を受験し、合格することで資格を取得します。しかし日本では、この資格制度にも問題があります。

一般に医師免許は、人命に直接関わる最高峰の資格と認識されているでしょう。医師免許を取得するためには、通常、大学の医学の課程を卒業し、医師国家試験に合格しなければなりません。大学卒業だけでなく、医師国家試験に合格する必要があるわけです。では、医師免許を持っていれば、患者はその医師に安心して医療を任せられるのでしょうか。実は、医師（＝医師免許を持っている）であれば医療行為を行ってよいわけではないのです。医療行為をするためには、医師免許を取得した後に臨床研修（＝いわゆるインターン）を受けなければならないのです。平成一六年に医師法の改正があり、それまで義務ではなかった臨床研修が、義務化されました。その目的は、「医学・医療技術が飛躍的に進歩し、臨床医の専門分化が進む中、医師としての基盤形成の時期に、患者を全人的に診ることができる基本的な臨床能力を身に付けることを目指す」と説明されています。つまり国家資格である医師免許を持っているだけの人は、「患者を全人的に診ることができる基本的な臨床能力」を〝修得していない〟ということなのです。しかも、臨床研修を修了した医師に、「〜患者を全人的に診ることができる基本的な臨床能力を」〝修得した〟ことを証明する資格を付与することはしません。臨床研修を〝終了〟したことを証明するだけです。医師のキャリアとしてはさらに、診療分野ごとの学会が認定する認定医、専門医の制度があります。どのレベルの医師であれば、我々は安心して医療を任せることができるのでしょう。このように日本の最高峰の資格であっても、それぞれの資格がどの程度の能力を認定しているのか、安心して仕事を任せられるのかがわからない状況にあるのです。

(5) 日本の教育制度・資格制度の問題点のまとめ

日本の教育制度・資格制度はここまで紹介してきたように、いくつかの問題を抱えています。その主要な問題は、「教育を修了した、あるいは資格を取得した、といっても、実際の仕事を適切に実施する能力をどの程度有しているのかが不明である」ということです。

ところで、英語に関する資格は、さまざまな種類があります。実用英語検定、TOEIC、TOEFL、日商ビジネス英語検定などです。みなさんは、どの英語資格を取ろうとするでしょう。それぞれの資格には、特徴があります。実用英語検定は、学校の学年進行に合わせたレベル分けがされています。TOEICは、「英語によるコミュニケーション能力を総合的に評価」することを目的に実施されています。皆さんが学生で、自分の学習が進んでいる程度を確認するためなら英検がよいかもしれません。英語によるコミュニケーションが求められる職場に就職する際に自分の英語力をアピールするためには、TOEICがよいかもしれません。同じ種類の資格でも、活用するのに適した場面が異なる場合があります。つまり日本の資格制度のもう一つの問題は、「さまざまな資格があるにもかかわらず、どの資格がどのような性格を有しているのか、どのような場面で活用するのかが社会で合意されていない」ということなのです。

(6) イギリスの資格制度

　これまで日本の学校教育、資格制度の課題を見てきました。整理すると、①「教育を修了した、あるいは資格を取得したといっても、実際の仕事をするための能力をどの程度有しているのかが不明である」、②「さまざまな資格があるにもかかわらず、どの資格がどのような性格を有しているのかを示す指標が整っていない」ということです。これらが、本書でこれまでに紹介してきた諸外国ではどのように扱われているのか、いくつかの国を例に見直してみましょう。

　イギリスでは国が、全国資格枠組（National Qualification Framework）という枠組みで、三つの分野と八レベルに資格を整理しています。三つの分野のうちの第一の分野は一般資格ＧＣＳＥです。これは、学校教育で学習する各科目に対応する資格です。科目ごとにレベルが設定されており、高卒時にいくつかの科目について一定レベルのＧＣＳＥを取得すると、Ａレベルという資格が与えられます。Ａレベルを取得していると大学への入学が認められます。また、大学卒業で得られる学士・修士・博士もＧＣＳＥの資格として位置づけられています。ＧＣＳＥは学校教育以外のさまざまな教育を受ける際の受講が認められる条件となります。学校を卒業していても、ＧＣＳＥを取得していないこともあります。第二の分野は、技術的な知識を中心とした技術資格TCです。これは、継続教育機関などで技術的な座学教育を受けるなどして習得した能力を評価するための資格です。一般に、ペーパーテストを中心とした試験に合格することで取得します。第三の分野は職業資格NVQです。これは、訓練の計画に沿って実際の職場で仕事をしながら取得する資格です。実際の職場を中心に訓練計画に沿ってある仕事をし、図三―一に示すように、その仕事の中で製作した製品や図面などの成果物を評価者に示します。この成果物によって能力を習得できたことが確認できると、資格を認定します。レベルや職種によりますが、一般に二年から三年の実務経験の中で、資格取得をします。

これらの資格制度を活用して職業人を育成するための徒弟制度を、各産業界が設定していま

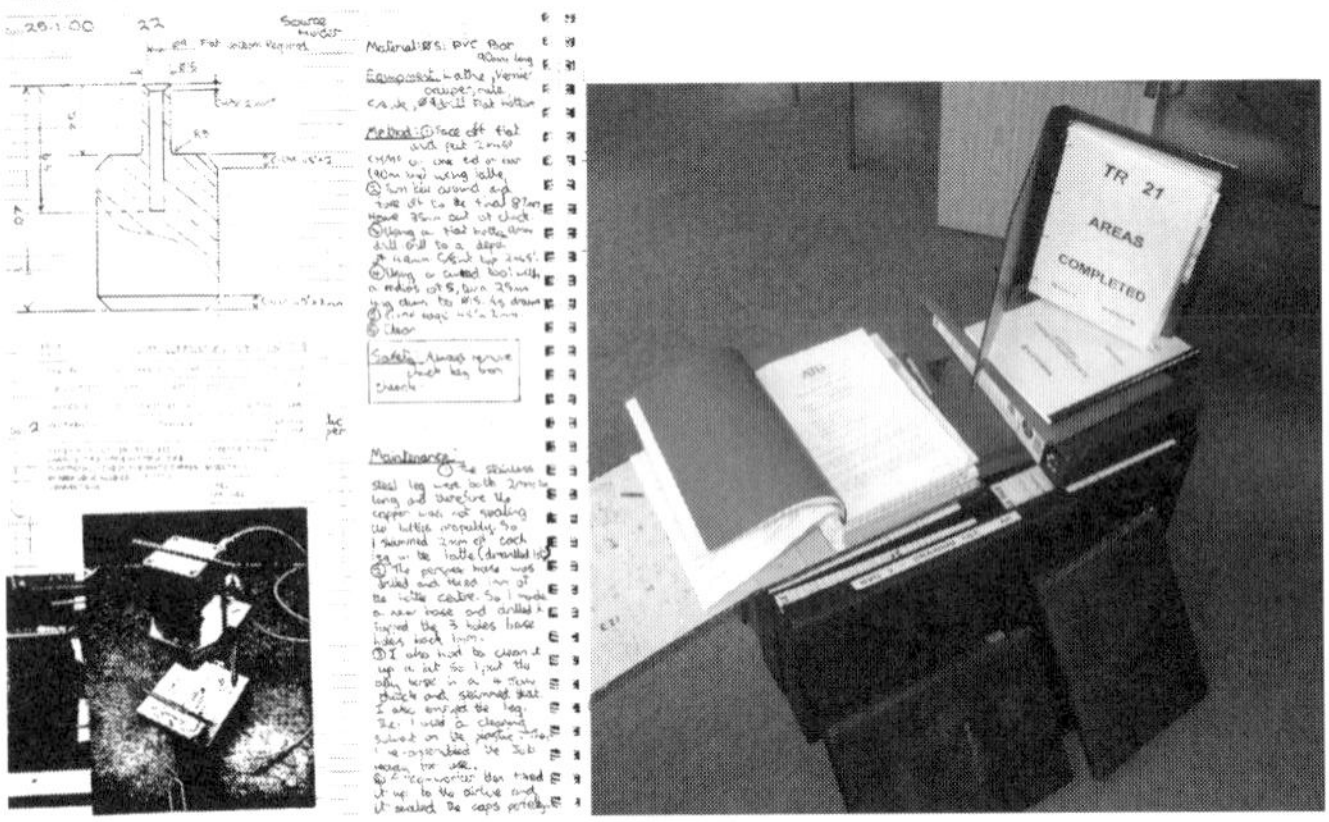

図3―1　NVQ取得訓練で訓練生が実施した仕事の記録
これが、仕事ができることを証明する証拠となる

す。そのカリキュラムは、「○○職種のＮＶＱ　△△レベルと、技術資格の□□を取得すること」といった形で計画されます。英国ではこのように、資格の枠組みを国が設定し、これに適合する資格を民間の資格設定団体が設定し、民間を中心とした訓練実施機関がこの資格を取得するための訓練を実施しています。ここで重要なことは、実際の制度の運用は民間に任せつつ、「資格はこのようなものである」という根幹部分の枠組みを国がしっかり作り、その質を保証していることなのです。

はじめに述べた日本の課題と比較すると、①教育の修了時に、資格を取得することで実際の仕事をするための能力を修得できたことを示し、②三分野に設定した資格枠組みを示すことで、それぞれどのような性質の資格であるかを国が整理している、ということになります。

(7) アメリカの徒弟制度

本書で紹介したように、アメリカにも徒弟制度があります。徒弟制度で修得できる能力と資格の視点から見直すと、次のように要約できます。徒弟制度の受講対象者は、徒弟制度入学試験に合格する必要があります。これは、数学・英語・機械基礎・リレーションシップ等に関する一般的な能力を有していることを証明する試験です。ゼネラルモーター社で徒弟制度を受けようとする高卒者の場合、受験者の七～八％が合格できるとのことで、結構厳しい試験のようです。これに合格した後に、徒弟制度のポストが空くのを待機することになります。

徒弟制度に入ると、訓練計画に沿って先輩の職人につき、さまざまな職場を順に経験します。それぞれの職場で学習すべき要素が定められており、それらの学習要素を習得できたことを確認できると次の職場に移ります。学習要素を習得できたことは、その職場の職人と職場の長、本人との間で意見交換しながら「仕事ができるようになったか」を基準に判定してゆきます。このようにして、職種にもよりますが三～四年程度の期間でさまざまな職場での学習を経て徒弟制度を修了し、職人資格を得ます。職人資格を得るとジャーニーマン（職人）と呼ばれます。その後、会社や職場を移る場合も、ジャーニーマンとして働く場合は、どこの職場であってもジャーニーマンとしての待遇を受けることになります。

アメリカの徒弟制度を日本の課題と比較すると、①徒弟制度中に各職場でそれぞれの仕事ができるようになることを一つひとつ確認していることから、職人は、職場で必要とされるレベルで実際の仕事をこなせるといえるでしょう。②職人資格が他の職場でも通用する環境が整っているということは、職人資格がどのようなものであるか、それぞれの職場で共通の認識がなされているといえるでしょう。

(8) フランスの資格制度

フランスは仕事に就くための教育と資格制度が密接に結びついている国です。中学卒業後に進学する各学校（リセ）は、職業課程・技術課程・普通課程に分かれています。また、学校に行かない人は職場で見習訓練を受けて熟練労働者になります。いずれのコースに進むにしても、その終了時に行われる国家試験を受験し資格の取得をめざします。職業課程では、職業適格証（ＣＡＰ）、職業課程免状（ＢＥＰ）、職業バカロレアをめざします。技術課程では技術バカロレア、普通課程では普通バカロレア、ＢＥＰ、職業バカロレアをめざします。いずれのコースでもバカロレアを取得すれば、高等教育進学の基礎資格が得られます。特に大学には無試験で入学できます。各学校の卒業者でＣＡＰ、ＢＥＰ、バカロレアの取得率は二〇〇三年は七五～八〇％程度です。リセを卒業すれば資格を取得できるというわけではなく、国家試験に合格しなければなりません。高等教育でもやはり、上級テクニシャン免状（ＢＴＳ）の取得をめざし、就職してからも上級の職業免状の取得をめざします。

このようにフランスでは、①各教育課程の終了時に国家試験を受験して資格を取得することで、一定の能力を習得していることを証明しています。また、②資格取得者ほど就職率が高いことから、各資格の位置づけが社会的に認知され根づいていることがうかがわれます。

(9) 資格制度の基本機能

ここで、これまで紹介してきた日本や諸外国の教育と資格制度の関係を整理しましょう。諸外国で熟練者を形成するシステムの中心にあるのは、資格制度です。資格制度には次に示す三つの機能があります。

① 能力を公証する機能
② 能力を習得するための基準となる機能
③ 資格取得者を社会的に評価する機能

それぞれの機能を少し詳しく説明しましょう。

第一の「能力を公証する機能」は、資格取得者が一定の能力を有していることを公に示す機能です。日本の資格でも諸外国の資格でもこの点に違いはありません。しかし日本の資格の場合、その資格がどのような能力を公証するのかは各資格の実施団体に任されています。結果として、その資格取得者を評価する雇用者や消費者は、資格取得者がどのような能力を持っているのかを判断できなくなっています。諸外国の資格は、学校修了程度の能力、職業を遂行する上で必要な能力など、それぞれの能力を評価する制度として位置づけられています。つまり、それぞれの資格がどのような能力を公証しているのかが明確になっています。

第二の「能力を習得するための基準となる機能」は、資格を取得するのに必要な能力の基準が、その資格の取得をめざす教育の内容を規定する機能のことです。日本の教育にも、医師や薬剤師、弁護士、建築士など、資格の取得が必須となる多くの職種に関して教育課程と資格取得に明示的な関係があります。他方、学校教育のように、修了時の資格取得を明示しないものも多く存在しています。これに対し諸外国では、一般教育を含む多くの教育に資格取得の仕組みが組み込まれています。卒業時の国家資格受験、実務に就きながら学習することを徒弟制度に位置づけ、実務に必要な能力の習得を一つひとつ積み重ねて資格取得に結びつけていることなどがそれです。また、日本のように学習指導要領で教育の内容を規定するのではなく、修了時に取得しなければならない資格によって教育内容を規定しています。つまり教育が、「社会的に意味のある一定の能力を有していると見なされる資格を取得するための教育」として機能しているのです。

第三の「資格取得者を社会的に評価する機能」は、資格取得者が就職や開業、受注、賃金、工賃の面で無資格者に比べて社会的な合意の元に相応の優位を得る機能です。諸外国では、資格が職業上の社会的な地位を得る条件となっている例が多くあります。日本の場合も一部の資格は、その職業に就くために必須の資格として法律で定められています。しかし日本では労働市場の自由を阻害するとして、資格取得を就労の条件とする仕組みに懐疑的で、限定的です。

そのため国が設定する資格は、職業上の能力を有していることを公証するというより、事故防止や消費者保護の観点から最低限の作業方法を承知していることを求めているにすぎません。民間資格はそれぞれの考え方によって、どのような能力を評価しているのかが不明です。そのため日本の資格は、「資格を持っていても仕事ができるとは限らない」という揶揄に代表されるように、資格取得者が自分の有している「能力」を堂々と示すことができない状況にあります。

⑽ 熟練形成の社会的基盤

ここまで、諸外国では熟練形成の社会的基盤の中心に資格制度があるのに、日本ではその働きが限定的な状況を見てきました。このような状況にあるのは、日本では資格制度の機能のうち、前項で示した第三の「資格取得者を社会的に評価する機能」だけが注目され、偏った扱いがなされていることによると考えられます。具体的には、資格が参入障壁になり、いわゆる市場や労働市場の自由を奪うとする見方から、最近の規制緩和の流れの中で、国が資格に関わるべきでないとする考えです。この見方からは、資格の設定が、資格取得者の優遇、権益の確保に見えるのでしょう。しかし本来は、資格の三機能をバランスよく機能させることで、資格取得者に仕事を任せることが結果的に社会的な効率化につながる仕組みを構築することが重要なのです。そのためには、下図に示すような仕組みが必要です。

資格が実務者に必要な能力を示し、教育は資格を目指す教育を実施することで実務のできる人を育成する。学習者は教育を受けて資格を取得することで実務に必要な能力を修得する。企業は資格を持っている人であれば一定の仕事ができることを期待して安心して採用できる。このあたりまえに思える仕組みを作るのがなかなか難しいのですが、諸外国ではこの仕組みを積極的に取り入れています。徒弟制度はまさにこの仕組みです。教育課程に実務が組み込まれていない学校教育でも、諸外国では各種の職業に必要な共通的な実務の基礎部分を、例えばイギリスのキースキルズのように資格化しているケースが多いのです。

諸外国では、このような仕組みを作るために、国や産業団体や労働者団体、資格付与団体、教育訓練団体が連携して制度作りをしています。国は主に、資格制度をどのように機能させるか、そ

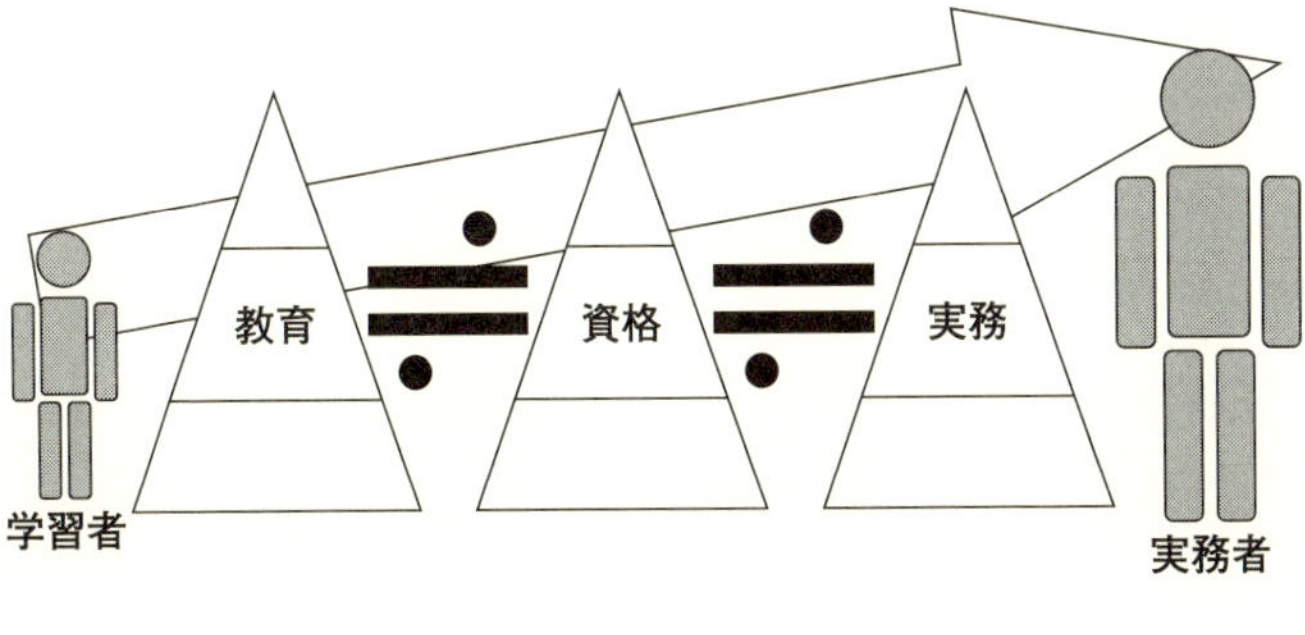

の枠組みを規定します。産業団体や労働者団体は、職場で必要とされる能力がどのような能力であるかを示します。資格付与団体がこの能力を元に資格を設定します。教育団体は、資格を基準としてそれを取得するための教育訓練を運営します。産業団体や労働者団体は、資格取得者を職業の場に迎え入れます。諸外国はこれらを相互に、密接に関連し合わせることで、熟練形成システムを構築しているのです。

日本では、これらがかみ合っていません。国は規制緩和の流れもあり、資格制度をつくることに消極的です。産業団体は自社に必要な人材の育成に興味はありますが、産業界全体に必要な人材を共有することに熱心ではありませんし、労働者団体は能力開発に関与しません。資格付与団体や教育団体はそれぞれのビジネスの視点で独自に仕組みを作り、産業団体は、その資格取得者や教育修了者の能力を信用できずに、独自の基準で採用しているのです。

これらをかみ合わせるためには、国のイニシアティブが絶対的に必要でしょう。教育・資格・実務を一体の仕組みとしてとらえ、相互にかみ合わせる仕組みのデザインを国が示し、関係者がそれぞれの役割を担うのです。

こうした中で近年、注目すべきわが国の取り組みがあります。経済産業省が進めているＩＴスキル標準、組込ソフトウェアスキル標準、社会人基礎力などの取り組み、厚生労働省が進める、職業能力標準、若年者就職基礎能力支援事業などの取り組みです。いずれもそれぞれの職業領域や社会人として必要となる基礎的な能力を産業界の協力を得て標準として示す取組みです。現在の規制緩和の環境の中で、国は声高に資格制度を設定したとはいっていません。国が能力標準を示すので、資格制度・教育訓練は、これを元に民間団体で設定してくださいという姿勢です。規制緩和の流れが主流となっている現在の日本での、国としての取り組みは、これが精一杯なのかもしれません。能力標準が社会システムとして機能する条件は、次のようなシステムが構築されることです。

① 能力標準に示された能力を有していることを公証する資格制度ができる。
② その資格を取得するための教育が整備される。
③ 学習者は職業に就くことを期待してその資格を取得するための学習に励める。
④ 産業団体は資格取得者を一定の能力を有する者として安心して雇用できる。
⑤ 労働組合は、多くの人が資格取得できるように、また資

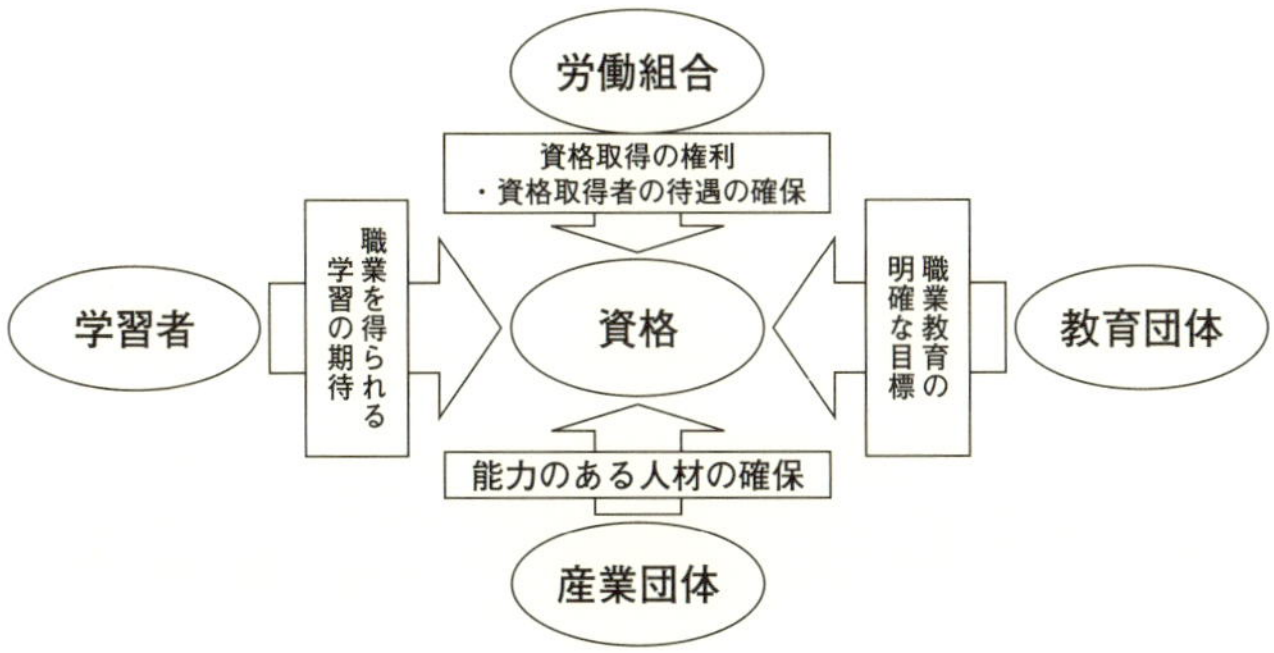

格取得者が一定の待遇を得られる環境を整備する運動を展開する。

本書で紹介してきた諸外国に共通して整備されている熟練形成の基盤とは、実はこのあたりまえな、資格を中心とした職業教育の仕組みなのです。今後、この取り組みが、わが国の産業団体、労働団体、資格付与団体、教育訓練団体の連携の軸となり熟練労働者育成の基盤となるのか、注目していきたいと思います。

1　JABEE　ホームページ http://www.jabee.org/ より

おわりに

日経連から『新時代の「日本的経営」』が刊行されたのは、二一世紀を目前とした一九九五年のことでした。この報告書は、国家の労働市場政策についてはもちろん、企業の人事労務管理、職業技術教育、職業訓練にも大きな衝撃を与えました。なぜならば、この報告書は、正規雇用労働者の職業技術教育、職業訓練を個別企業の人事労務管理に任せてきたことについて、経営者側の視点から根本的な反省を迫るものだからです。

この報告書の骨子は、第一に、定年までの長期雇用を容認できる少数の有能な人材についてだけは、個別企業は教育・訓練機会を提供するが、しかし、その場合でさえも教育・訓練メニューを提供するにとどめると宣言していることです。企業はメニューを提供するから、労働者は好みに応じて教育・訓練を受けなさいといっています。

第二に、企業の役職者に昇進しない労働者、役職昇進を望まない労働者に対しては、新たに専門職制度を適用するといっていることです。この場合でも、訓練機会と訓練コストは労働者が負担すべきであるといっているのです。企業は専門的能力の消費の場を提供するが、専門職に匹敵する能力の形成は手弁当でやりなさいといっています。

第三に、短時間労働者、派遣労働者、業務請負労働者などについて、企業は、これら非正規雇用労働者を積極的に活用するが、個別企業が行う教育・訓練の対象として考えるつもりはないといっていることです。いわば労働力活用のジャストインタイム方式を行うと宣言しているのです。

この報告書を一九九五年に出した後、日経連は経団連に統合されました。本書が具体的に示しているように、国内のすべての民間企業が日経連や経団連の考えにしたがっているわけではありません。日経連の考え方に共鳴しているわけでもありません。熟練工養成に熱心に取り組んでいる企業が日本全国にたくさん存在しています。熟練工の持つ高度な技能を生かして事業を展開している企業もたくさんあります。しかし、民間大企業の経営者の多くが、雇用する労働者の教育・訓練を重荷であると感じはじめていることは事実です。

バブル経済の破綻に直面した企業は、情け容赦なく中高年労働者を標的にして、リストラを断行しました。新規採用をストップさせて、教育・訓練費を削減したことも事実です。このような人事労務政策の転換は、これからの企業は労働者の職業能力形成について、従来のような企業責任を負いたくなくなったことを示しています。

日本の経済状況はバブル経済破綻からたち直りました。経済状況も好転して景気回復が進んでいます。全国紙やテレビ報道は、盛んにこのように指摘しています。確かに景気が持ち直したことによって、新卒者の雇用の拡大は順調であるかのように見えます。目前に迫る労働人口の少子高齢化を考えて、多くの企業が新規学卒者を奪い合うという時代が始まっていると指摘する者さえいます。

しかし、次の三つのことが注目されるべきです。第一点目は、日本経済の景気回復が進んでいるといっても、労働分配率はかえって減少しているということです。企業収益の多くが株主と経営者に分配されてしまって、実際に働いている労働者に分配されていません。労働分配率が低いことが消費活動を冷やすことになり、結果的に、多くの国民は景気回復を実感することができない状態におかれています。

第二に、景気回復状況の中で若者が雇用を見出したといっても、正規雇用労働者の雇用と労働の質があらためて問い直されなければならないということです。せっかく定職に就いても、仕事がきついうえに長時間労働であったのでは、健康を壊してしまうことになりかねません。相変わらず若者の離職率は高い水準を維持しつづけていることに示されているように、働く者の労働条件は決して改善されているとは言い難いのです。

第三に、現代日本社会には、フリーターと称される短期雇用労働者、ニートと称される人たちがいること、これからもこの層の中に入っていく若者もいるという事実です。フリーター、ニートの数は膨大な数にのぼっています。かつて二〇歳代で若者であった彼等も、年齢を重ねていくうちに、今では三〇から四〇歳代に到達しています。

このように、正規雇用労働者になれない若者がたくさんいることを忘れてはならないのです。フリーター、ニートのような不遇な立場に置かれている人たちに、再チャレンジの機会が与えられる必要があります。また、職業教育や職業訓練にあっても、彼等の再チャレンジのあり方をしっかりと見据える必要があります。多様なチャンネルを備えた再チャレンジによって、今日の新規学卒者と同等な職業生活を保障する仕組みを考えるべきでしょう。

このような問題意識を共有する研究者が集まって、先進工業国の若者の職業教育の現状を紹介すると同時に、本書は現在日本の職業教育、職業訓練の不備やその欠陥について指摘しています。また、民間企業にあって熟練労働者の養成の必要性と重要性とをきちんと認識して、熟練労働者の養成と確保に力を注いでいる企業の事例についても紹介しています。なぜならば、このような努力を重ねている企業経営者が、現代日本の熟練工養成を支えていると思われるからです。

また、全国都道府県下に配置されている公共職業能力開発施設も、それぞれの地域の中小企業の需要に応えるために、求職者や新卒者に対して職業能力形成の機会を与えています。行政改革の名の下に職員定数を削減されているにもかかわらず、きめ細かな対応を行っています。

情報技術の高度な発展、経済・経営のグローバル化、少子高齢化の進行にともなって、ますます重要な役割を果たすべきなのは職業教育、職業訓練です。模範解答ではないにせよ、企業の人事労務管理に依存する方向でもなく、また、労働者に自己責任と自助努力を押しつける方向でもない、これらとは異なる一定の方向を模索・提案してみたいと思います。

執筆者一同

《編著者紹介》・執筆順

平沼　　高（ひらぬま・たかし）はじめに、第１章第４節、第２章第１節、第３章第１節、おわりに

明治大学経営学部

新井吾朗（あらい・ごろう）各章序説、第３章第５節

職業能力開発総合大学校能力開発専門学科

《執筆者紹介》・執筆順

谷口雄治（たにぐち・ゆうじ）第１章第１節

職業能力開発総合大学校能力開発専門学科

田中萬年（たなか・かずとし）第１章第２節、第３章第２節

前職業能力開発総合大学校能力開発専門学科

植上一希（うえがみ・かずき）第１章第３節

東京大学大学院教育学研究科 博士課程

柳田雅明（やなぎだ・まさあき）第２章第２節

青山学院大学文学部

中川香代（なかがわ・かよ）第２章第２節

高知大学人文学部

夏目達也（なつめ・たつや）第２章第３節、第３章第３節

名古屋大学高等教育研究センター

堀内達夫（ほりうち・たつお）第２章第３節、第３章第３節

大阪市立大学文学部

佐々木英一（ささき・えいいち）第２章第４節、第３章第４節

追手門学院大学心理学部

大串隆吉（おおぐし・りゅうきち）第２章第４節

都立大学／首都大学名誉教授

大学だけじゃない
もうひとつのキャリア形成 ‐日本と世界の職業教育‐

2008年10月25日　初版発行

編著者　平沼　　高
　　　　新井　吾朗

定価はカバーに表示してあります。

発行者　宮部　高志

発行所　財団法人職業訓練教材研究会

〒162-0052　東京都新宿区戸山1－15－10
電　話　03(3203)6235
http://www.kyouzaiken.or.jp

ISBN978-4-7863-9002-9

職業訓練教材研究会の本